GLEAMER
MAGAZINE

Síguenos en Instagram

Magazine con
Publicidad
a la vanguardia
al alcance de todos los empresarios.

Mariana García

Llámanos:
720 949-8004

yasmingleamer@gmail.com
www.gleamermagazine.com

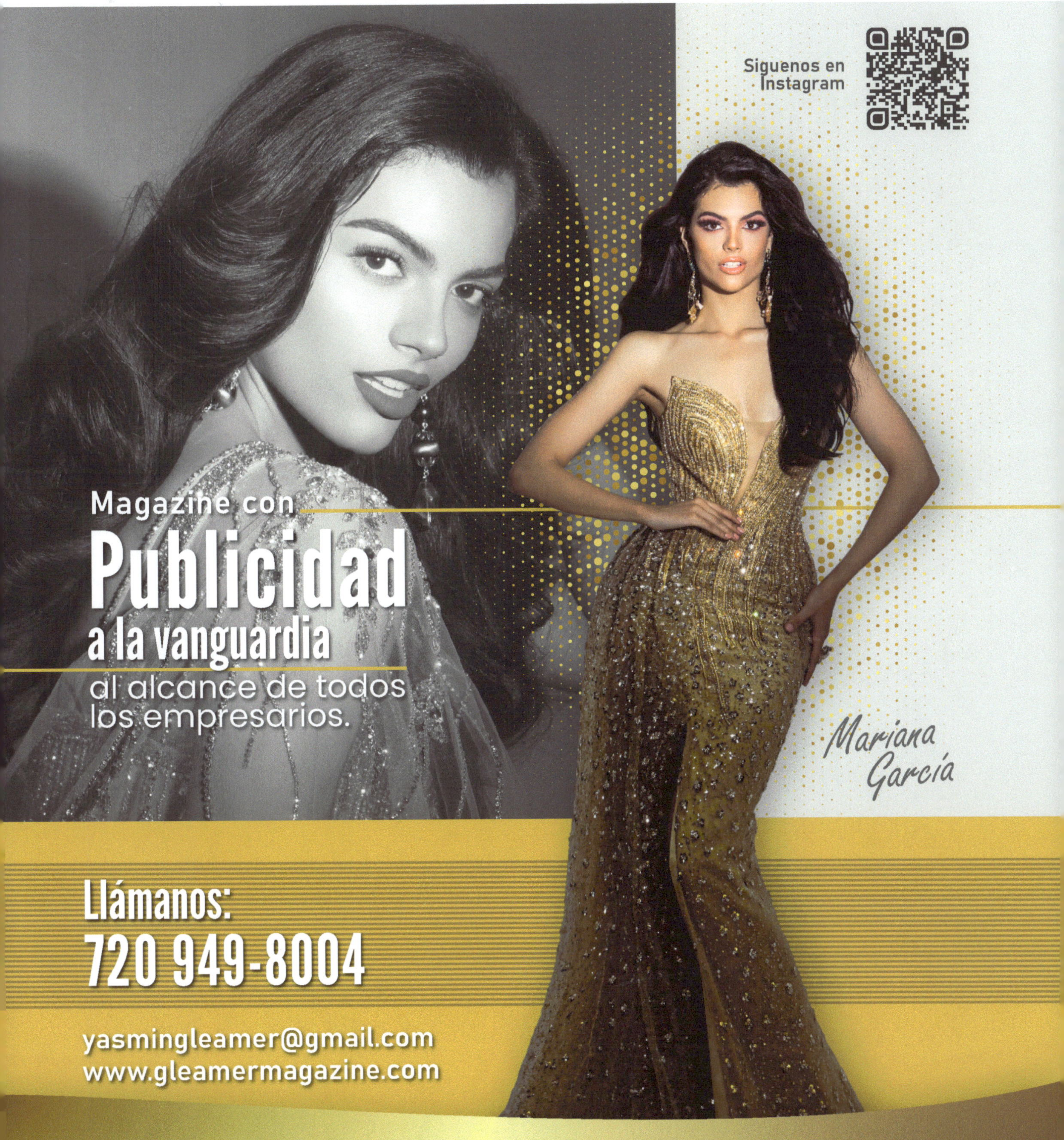

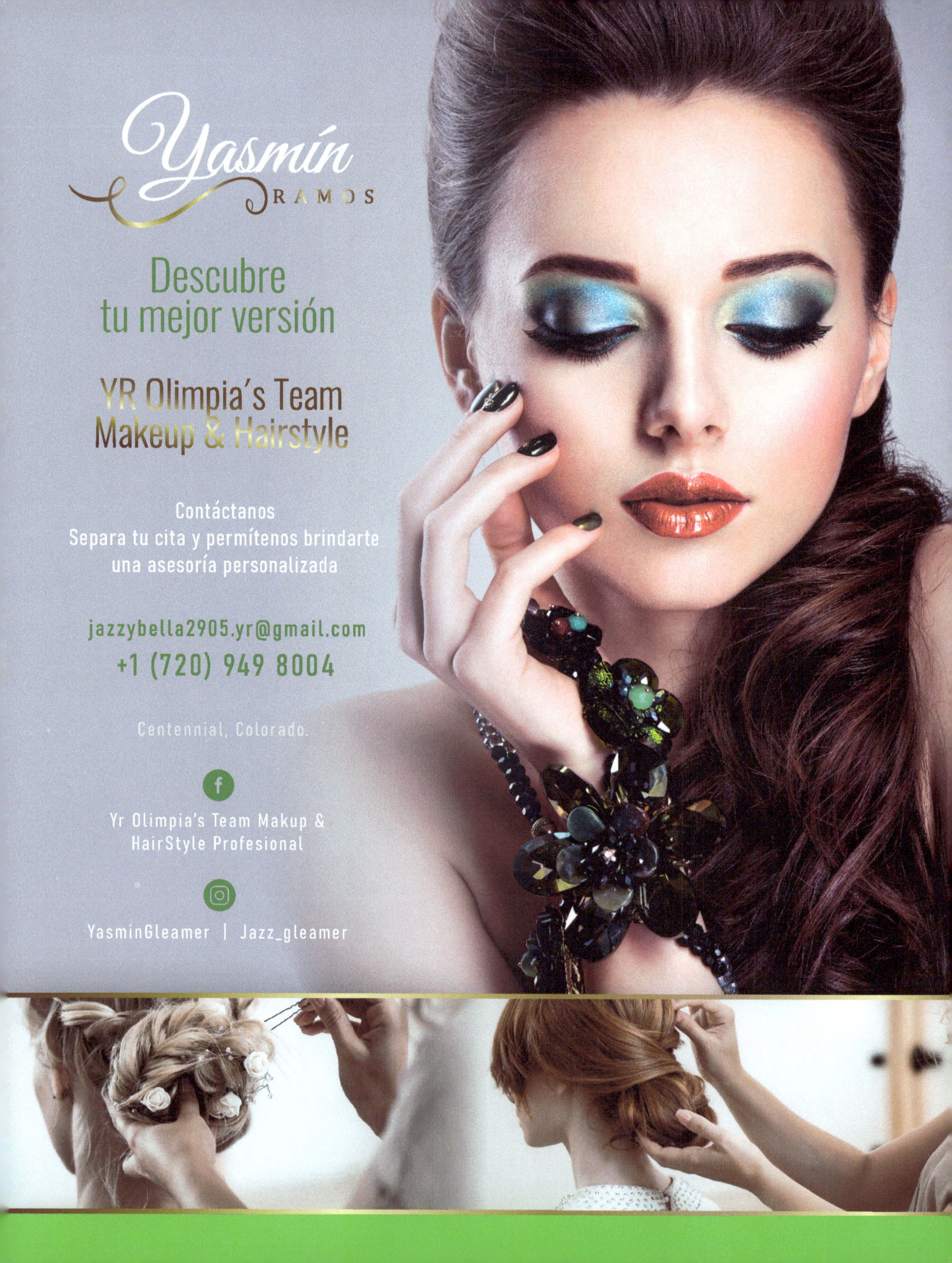

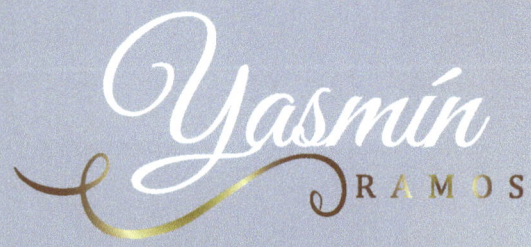

Yasmín RAMOS

Descubre tu mejor versión

YR Olimpia's Team Makeup & Hairstyle

Contáctanos
Separa tu cita y permítenos brindarte
una asesoría personalizada

jazzybella2905.yr@gmail.com
+1 (720) 949 8004

Centennial, Colorado.

Yr Olimpia's Team Makup &
HairStyle Profesional

YasminGleamer | Jazz_gleamer

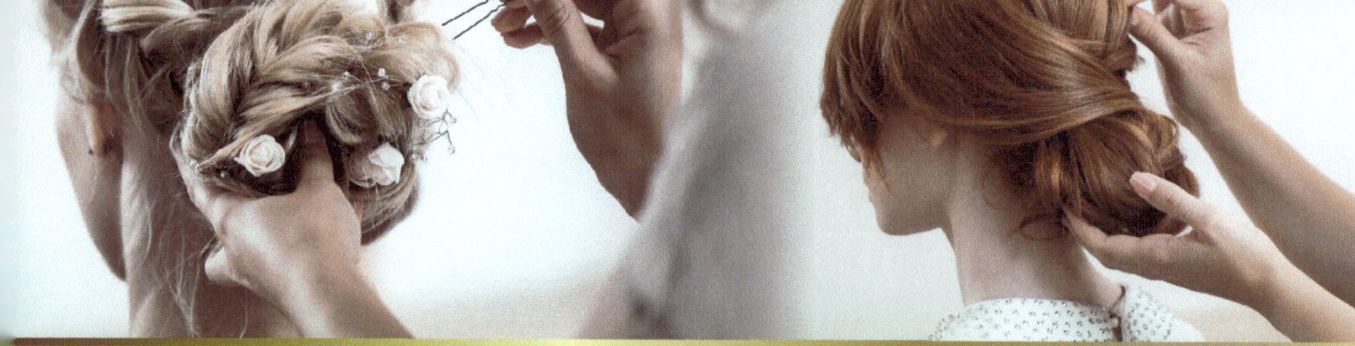

04 ALBA ROCÍO PADILLA YOUNGER — Pasos hacia el logro de mis sueños.	**11** LUIS CANO — Ahora van las mías. Musica ranchera en inglés
12 DÍA MUNDIAL DEL EMPRENDIMIENTO — Iniciativas que mueven al mundo.	**18** DÍA INTERNACIONAL DEL JAZZ — Homenaje al lenguaje de las emociones.
22 DÍA MUNDIAL DEL ARTE — La expresión de una postura ideológica ante el mundo.	**26** QUINCEAÑERAS — Organiza la fiesta ideal. Parte diez.
30 DÍA INTERNACIONAL DE LA DANZA — Expresión del alma a través del movimiento corporal.	**37** COMIDA SALUDABLE — Salteado oriental de ternera con verduras.
38 DÍA INTERNACIONAL DEL LIBRO Y LOS DERECHOS DE AUTOR — homenaje a los titanes de la literatura.	**42** DÍA DEL NIÑO — Por el bienestar y de los derechos de los niños
46 MODA — Las nuevas tendencias de maquillaje 2024	**50** HORÓSCOPOS — Consejos para hacer de abril tu mes de renovación

Anthony´s Pizza & Pasta P.54
Chromatic Chaos P.44
Dabela Med Spa P.10
Morenos's Corn P.49
Denisse pasteles P.41
Dolce event center P.29
Famouz event center P.34

Goyo's Grill P.55
Los Tecos P.48
La fiebre del sabor P.40
Matos Law Firm P.17
Mis quince años Bounjour P.28
Paisano Realty inc P.21
Quiero tacos P.35

Roman Security P.36
Sakura events film P.24
Salon Cristal P.53
Salud Vida P.16
Sun line disco P.45
World system builder P.20

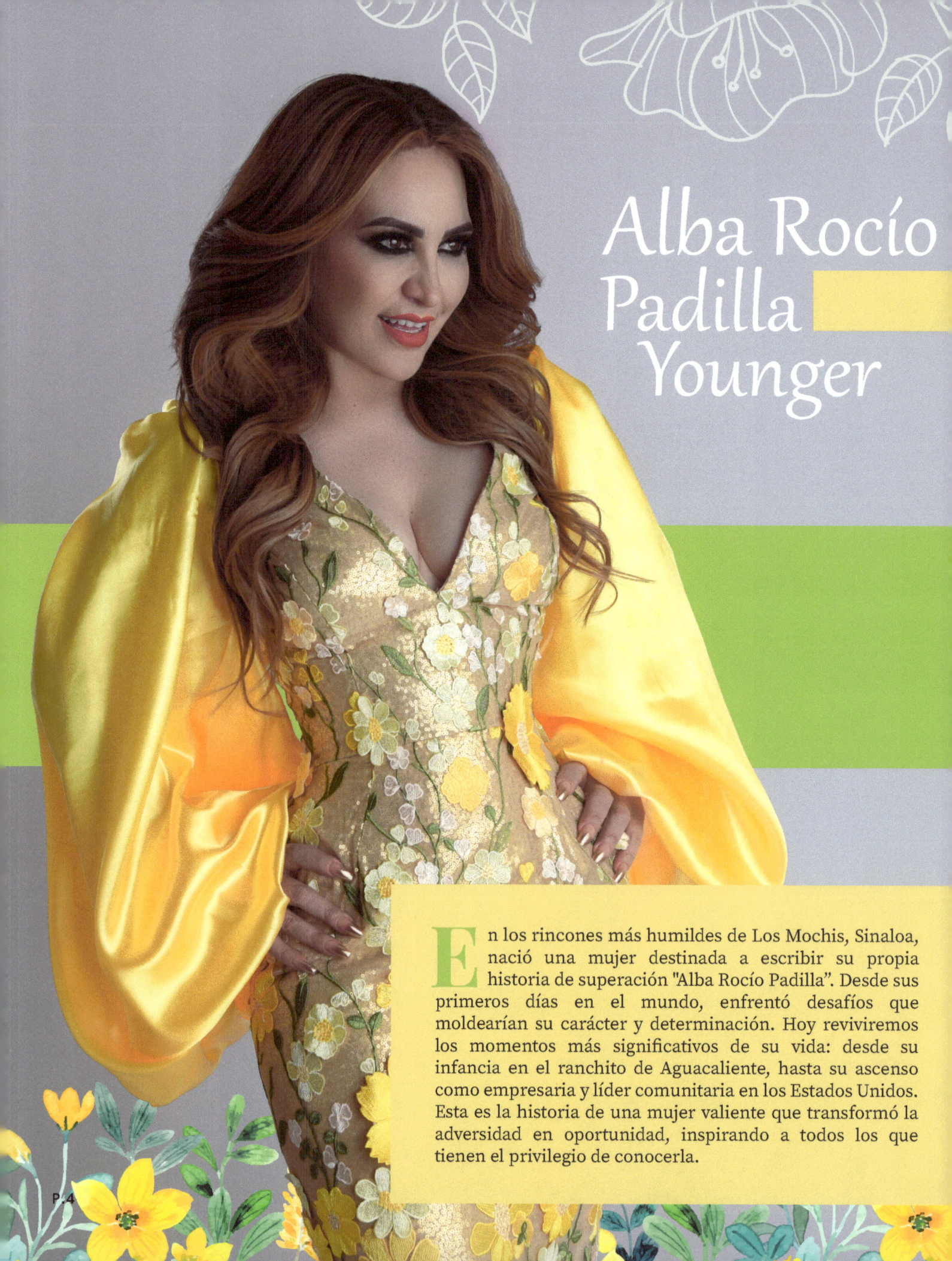

Alba Rocío Padilla Younger

En los rincones más humildes de Los Mochis, Sinaloa, nació una mujer destinada a escribir su propia historia de superación "Alba Rocío Padilla". Desde sus primeros días en el mundo, enfrentó desafíos que moldearían su carácter y determinación. Hoy reviviremos los momentos más significativos de su vida: desde su infancia en el ranchito de Aguacaliente, hasta su ascenso como empresaria y líder comunitaria en los Estados Unidos. Esta es la historia de una mujer valiente que transformó la adversidad en oportunidad, inspirando a todos los que tienen el privilegio de conocerla.

El sol de Sinaloa brilla sobre el pequeño ranchito de Aguacaliente de Baca municipio de Coix Sinaloa, donde pasé los primeros años de vida junto a mis tres hermanos y bajo el cuidado de mi tía Olga, la mujer más amorosa y que con gran paciencia y dedicación cuido de mí y mis hermanos; Yadira, Yeyo y Diana.

Sin embargo, en aquella época también hubo momentos difíciles, donde la sombra de la escasez y los desafíos se cernían sobre la inocencia de una pequeña que apenas cumplía los 9 años cuando sufrió acoso sexual; lamentablemente esto sería algo que me dejó totalmente marcada y en medio de una crisis emocional. Pero, a pesar de las adversidades pude superar esto y muchos otros eventos que estaban por venir a mi vida.

La adolescencia trajo consigo cambios significativos para toda la familia. La búsqueda de una vida mejor nos llevó a emigrar al estado de Chihuahua, dejando atrás el hogar que conocían. Empezamos una nueva vida llena de muchísimas carencias y aunado a esto la gran y prolongada ausencia de mi padre, quien trabajaba fuera por largas temporadas. Sin embargo, mi madre, con su fuerza y dedicación, se convirtió en el pilar fundamental de su hogar, guiándonos con amor y sabiduría a través de tiempos difíciles. Recuerdo que en esos tiempos mis tíos desde el rancho Aguacaliente mandaban pescado fresco y mis hermanos y yo los vendíamos con los vecinos; era una forma de ayudar a mi madre.

Siempre fui una persona dedicada y entregada en todo lo que hacía. Desde pequeña, me esforzaba al máximo en mis estudios y siempre lograba destacar con honores en mis calificaciones. Sin embargo, la situación económica de mi familia no era la mejor, y no teníamos los recursos suficientes para que yo pudiera seguir estudiando.

Ante esta difícil realidad, tomé una decisión que cambiaría mi vida para siempre. A los 16 años, decidí dejar mi país natal y emprender un viaje hacia Estados Unidos en busca de oportunidades. Sabía que no sería fácil, pero estaba dispuesta a hacer todo lo necesario para ayudar a mis padres y contribuir al bienestar de mi familia.

Al llegar a tierras americanas, me enfrenté a un mundo desconocido y a desafíos que nunca antes había experimentado. Empecé a trabajar cuidando niños y limpiando casas para poder enviar dinero a casa y colaborar con los gastos familiares. Cada día era un reto nuevo, pero mi determinación me impulsaba a seguir adelante.

A mis 16 años desafiaba un mundo totalmente desconocido para mí, otro país, otro lenguaje, una nueva forma de vivir, otro hogar. Así empecé una historia nueva. Mi Tía Chayo fue clave en ese tiempo, una de las personas más importantes en esos momentos de mi vida que me ayudó a conectarme con personas en El Paso Texas para mis primeros trabajos y la persona que me ayudó por medio de coyotes a cruzar el rio bravo.

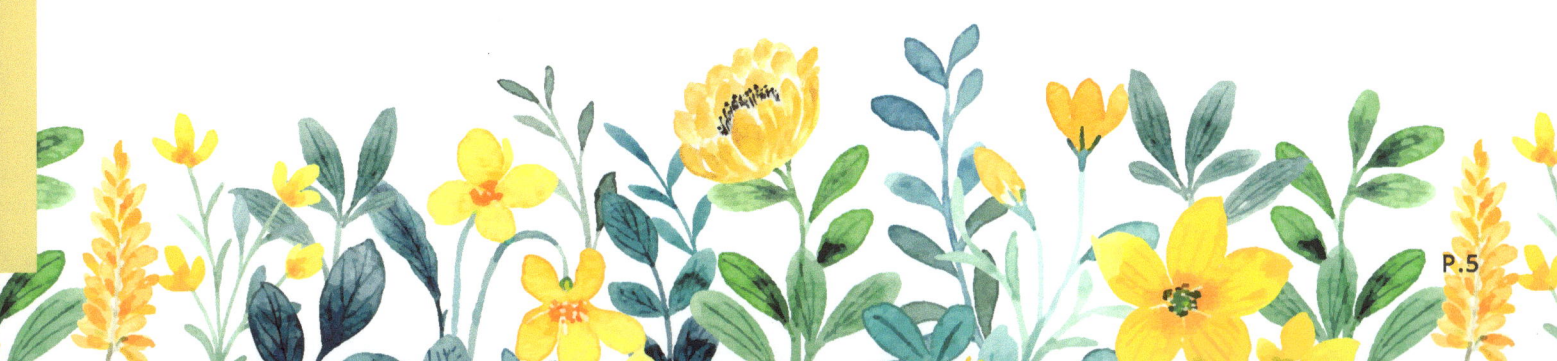

En la secundaria conocí a mi amiga Martha, con quien viví momentos llenos de aventuras y diversión. Experimenté amores y desamores, descubriendo la esencia de la amistad.

A los 19 años, conocí a Reynaldo, el hombre que se convertiría en mi esposo y en el pilar de mi vida. Nuestra relación tuvo que enfrentar obstáculos desde el principio, ya que debíamos separarnos temporalmente debido a mis frecuentes viajes de regreso a Estados Unidos para trabajar. A pesar de la distancia, logramos mantener viva nuestra conexión y construir una relación sólida y duradera a lo largo de 7 años.

Finalmente, decidimos dar el paso y formalizar nuestra unión en matrimonio. Juntos, Reynaldo y yo formamos una familia y fuimos bendecidos con dos hijos maravillosos, Reynaldo y Luis Alberto. A lo largo de esta travesía, agradezco a mi esposo e hijos por su paciencia, por caminar de la mano conmigo y por brindarme un apoyo incondicional en cada decisión que tomamos juntos.

Reynaldo ha sido mi roca, mi compañero de vida en las alegrías y en las adversidades. Agradezco su valentía y su compromiso al acompañarme en este viaje a un país desconocido, sabiendo que no fue un camino fácil. A pesar de los desafíos y las dificultades, juntos hemos logrado superar obstáculos y forjar un camino de amor y resiliencia.

Agradezco a mi amado Reynaldo por estos años de compañía, por su comprensión y su apoyo incondicional. A pesar de las adversidades, hemos demostrado que juntos somos más fuertes y que el amor verdadero trasciende las distancias y los desafíos. Te amo por siempre, mi amor, por haber compartido conmigo un camino lleno de retos y triunfos, por ser mi compañero de vida y por demostrarme que juntos, no hay nada que no podamos superar. Nuestra historia de amor es un testimonio de perseverancia, lealtad y complicidad, y estoy agradecida por cada momento vivido a tu lado.

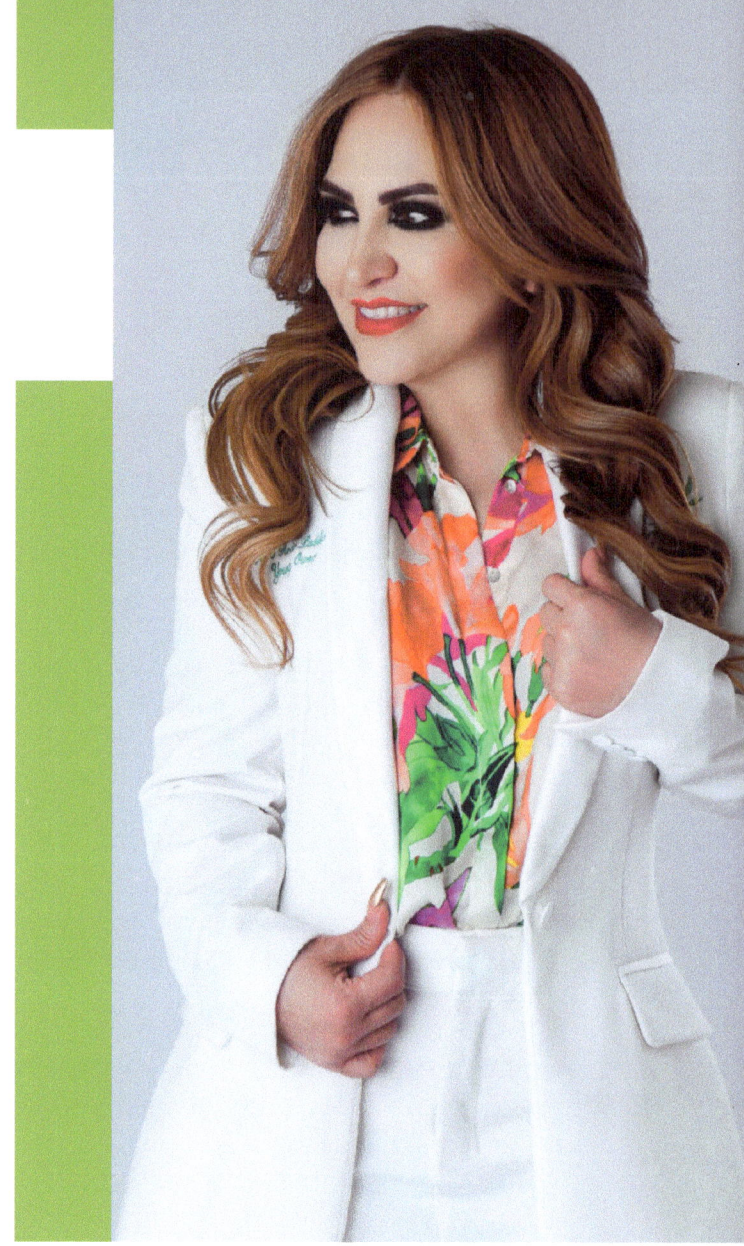

Los primeros años de nuestro matrimonio fueron una prueba de fuego, especialmente en el ámbito económico. Ante las dificultades financieras que enfrentábamos, tomamos la decisión de emigrar a Estados Unidos en busca de un futuro mejor para nuestra familia.

La adaptación a un nuevo país no fue sencilla. Tuvimos que enfrentar humillaciones por parte de extraños y conocidos, lidiar con la soledad y la nostalgia, y, sobre todo, ver a nuestros hijos sufrir las consecuencias de nuestra ausencia debido a la necesidad de trabajar arduamente para sobrevivir en esta tierra desconocida.

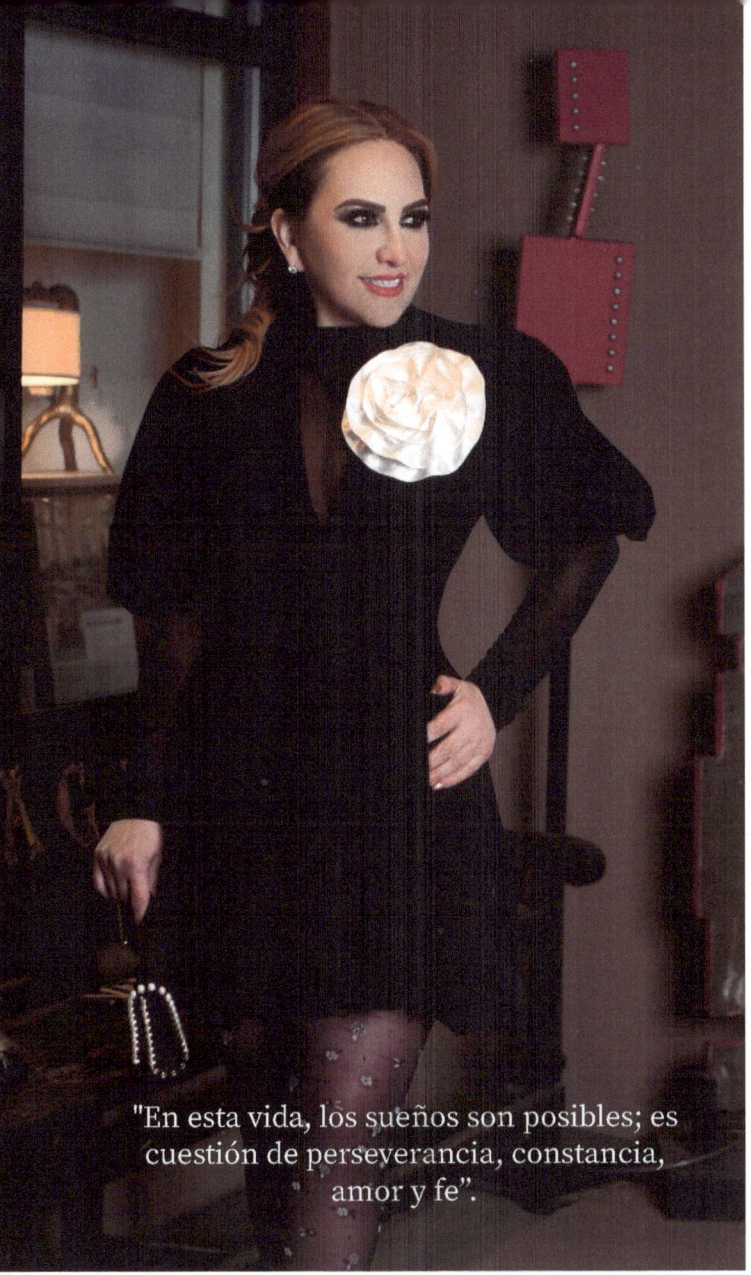

"En esta vida, los sueños son posibles; es cuestión de perseverancia, constancia, amor y fe".

Afortunadamente en medio de las dificultades, encontré personas que creyeron en mí y me brindaron oportunidades para crecer y prosperar. Entre ellas, destacan Diana Fernanda Sáenz Mi Socia, Mayra Rodríguez y Gabriela Carrillo, quienes me introdujeron en el negocio de la limpieza de casas, un oficio que se convertiría en mi pasión y en el pilar de mi éxito empresarial. A través de mi dedicación y esfuerzo incansable, he construido al lado de Mayra Carrillo mi propia empresa, creando empleo para más de 40 familias demostrando que el trabajo duro y la perseverancia pueden abrir puertas hacia un futuro mejor.

La fe y la devoción siempre han sido pilares fundamentales en mi vida, mi conexión con la Virgen de Guadalupe y mi gratitud por las bendiciones recibidas son evidentes en cada paso de mi viaje. Agradezco a Dios por mis padres, especialmente por mi madre Graciela Younguer Miranda cuyo amor y apoyo incondicional han sido fundamentales en mi camino hacia el éxito.

Mi pasión y devoción me han llevado a ocupar la vicepresidencia de la parroquia Santa Clara de Asís, representando con honor a la vibrante comunidad latina que me llena de orgullo. Cada día, testifico el poder transformador de la fe y la unión en nuestra comunidad, que ha respondido de manera generosa y solidaria con importantes aportaciones destinadas a la noble causa de construir dos nuevas parroquias.

Recuerdo caminar en la nieve con ropas inadecuadas, soportando el frío intenso que parecía calar hasta los huesos. Mi esposo también atravesó momentos difíciles al estar desempleado por un tiempo, lo que agravaba aún más nuestra precaria situación. Hubo días en los que nos faltaba el dinero para comprar comida, y las dificultades parecían abrumarnos.

A pesar de todo, puedo decir con orgullo que estas duras experiencias han sido un testimonio de nuestro valor y nuestra resiliencia. Aprendimos a valorar cada pequeño logro, cada obstáculo superado nos hizo más fuertes y nos recordó la importancia de la unidad familiar.

Desde el momento en que tomé este compromiso, supe que estábamos llamados a algo más grande, a dejar un legado de fe y generosidad que perdurara en el tiempo. La tarea de construir no solo edificios de piedra, sino también de construir un hogar espiritual donde todos pudieran encontrar consuelo, esperanza y comunidad, ha sido un desafío que hemos abrazado con entusiasmo y determinación.

Cada ladrillo puesto, cada donación recibida, ha sido un testimonio palpable del espíritu de solidaridad y unidad que nos define como comunidad. En cada paso del camino, he sido testigo de la fuerza y la voluntad de nuestra gente, que ha demostrado una y otra vez su compromiso con la causa.

Que nuestra fe siga siendo nuestra guía, nuestra generosidad nuestra fuerza y nuestro amor nuestra mayor obra. En la comunidad latina de la parroquia Santa Clara de Asís, encontramos no solo un hogar espiritual, sino también un legado de fe y generosidad que perdurará por generaciones venideras.

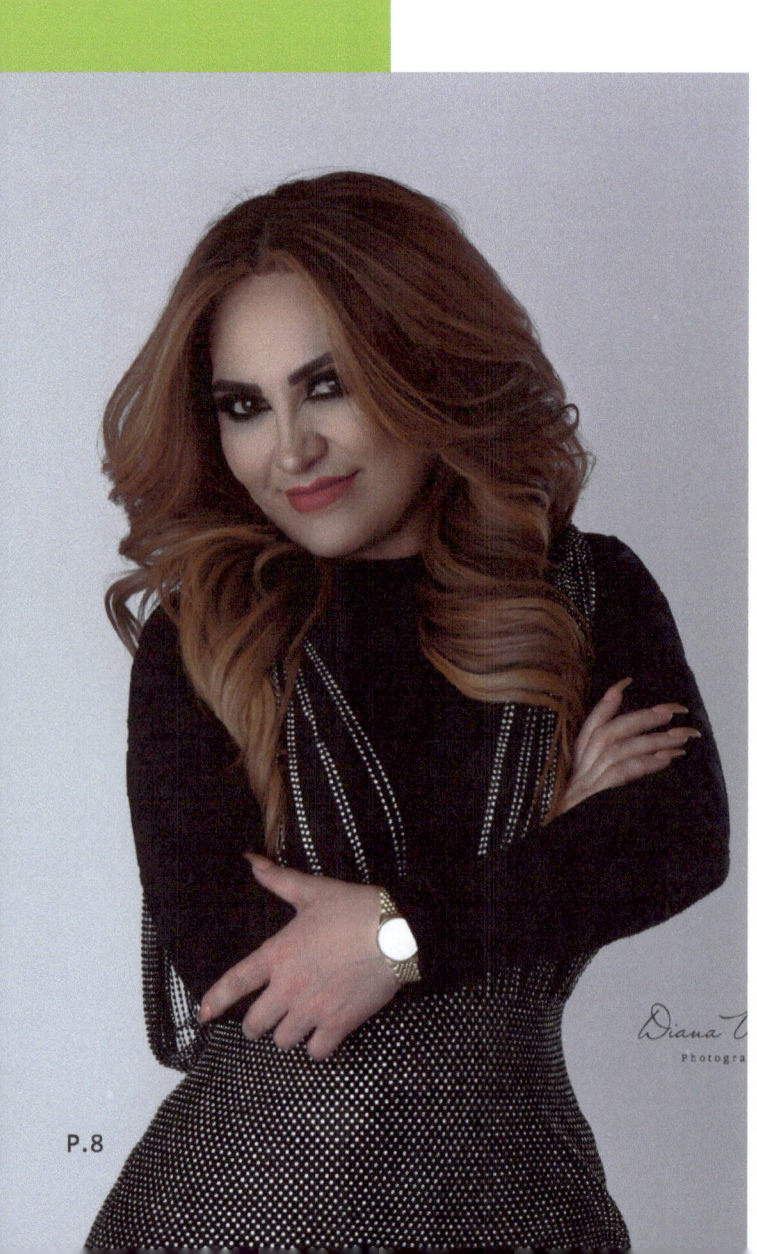

A mis hijos Luis Alberto y Reynaldito. Cada día que pasa, mi admiración y orgullo por los magníficos seres humanos en los que se están convirtiendo pues crece su bondad, nobleza y empatía me enorgullece, asi como a quienes tienen la fortuna de conocerlos.

Me siento agradecida y bendecida por la oportunidad de ser su guía, su maestra y su compañera de aventuras. A medida que han crecido y se enfrentan a nuevos desafíos, no puedo evitar recordar los momentos en los que juntos superamos obstáculos, celebramos triunfos y aprendimos lecciones valiosas que han forjado el carácter excepcional que hoy poseen.

Cada sacrificio que hemos hecho como familia, cada lágrima derramada en silencio y cada sonrisa compartida ha sido un ladrillo en la construcción de un futuro prometedor y lleno de posibilidades para ustedes. Saben, en lo más profundo de sus corazones, que su potencial es ilimitado y que la grandeza reside en su interior, esperando ser descubierta y compartida con el mundo.

No olviden nunca de dónde vienen, de las raíces que les han dado fuerza y de las alas que les permiten volar hacia sus sueños más anhelados. Cada paso que den, cada logro que alcancen, lleven consigo el recuerdo de los momentos de carencias que tuvimos, la humildad, gratitud y esfuerzo que los han llevado.

"Nunca se conformen con menos de lo que merecen"

Sean valientes en la adversidad, humildes en la victoria y compasivos con quienes necesitan de su luz en la oscuridad. Sean la voz de aquellos que no pueden hablar, la mano de aquellos que necesitan apoyo y el corazón de aquellos que buscan amor.

Agradezco a mi tía Cande y mi tío Lyle Zimmerman por brindarme un hogar junto a mi tía Petra. A través de su generosidad y su bondad han ofrecido un techo bajo el cual he encontrado consuelo y protección en los momentos más difíciles. A mi tía Petra; con su corazón generoso y su espíritu ha sido un pilar de apoyo y amor incondicional para mí. A mi tía linda hermosa Chayo, mi tío Lacho, mi tío Chiquis; el que siempre está uniendo a la familia. A mi tía Lety; siempre inculcándonos lo importante de estar bien espiritualmente. A mis cuñadas, mi cuñado y mis suegros.

Agradezco también a mis amigas Rocío, Isabel y Carmen, cuyo cariño y complicidad han sido un alivio para el alma en los momentos de tristeza. Su amistad sincera y su compañía incondicional han sido un regalo que agradezco en lo más profundo de mi corazón. A mis queridos clientes, Judy & Peter Copses; les debo mi gratitud por confiar en mí y por brindarme la oportunidad de crecer y desarrollarme profesionalmente. Su apoyo y su fidelidad han sido fundamentales en mi camino hacia el éxito y la realización personal. Y a mis hermanos y cada uno de mis sobrinos a quienes amo con todo mi ser, les agradezco por estar a mi lado en cada paso del camino y por comprenderme y apoyarme en los momentos de alegría y de tristeza. Su presencia en mi vida es un regalo que atesoro con cariño y gratitud.

Y cómo olvidar a Doña Conchita en este agradecimiento, esa señora dulce, tierna, que tanto nos dio en nuestra infancia. A cada una de sus hijas que fueron mis mejores y grandes amigas de infancia, Nelly, Bety, Olga, así como a Martín y Fidel Parra Morales. ¡¡¡Gracias infinitas!!!

Cada uno de ustedes ha dejado una huella imborrable en mi corazón. Agradezco infinitamente por su presencia en mi vida y por el amor incondicional que me han brindado. ¡Gracias por ser parte de mi historia y por enriquecer mi camino con amor!

La mención de honor y dedicación especial es para mi hermano Yeyo, quien ya no está físicamente entre nosotros, pero cuyo legado de bondad, generosidad y humildad perdura eternamente en nuestro ser. Yeyo fue el mejor ser humano, nos dejó un legado de amor a todos los que tuvimos el privilegio de conocerlo. Su generosidad no conocía límites; siempre estaba dispuesto a tender una mano amiga a quien lo necesitara, sin esperar nada a cambio.

Su humildad era asombrosa; a pesar de sus virtudes nunca buscó destacar ni recibir reconocimiento por sus acciones altruistas. Siempre prefería permanecer en un segundo plano, sin esperar aplausos ni elogios.

A ti mi querido hermano te dedico esta mención de honor y agradecimiento por haber sido un ser tan excepcional y por haber dejado una huella imborrable en nuestros corazones. Tu espíritu vive en cada gesto de amor y bondad que realizamos, y tu recuerdo perdurará por siempre a través de Tu amada esposa e hijos.

Siempre en nuestra memoria ¡Descansa en paz, amado hermano y que tu luz siga brillando en lo más alto de los cielos!

Mi historia un testimonio vivo de resiliencia, determinación y capacidad de superar las adversidades con valentía y amor. Es un recordatorio inspirador de que los sueños son posibles, siempre y cuando se alimenten con perseverancia, amor y fe. He convertido mis experiencias en lecciones de vida y busco construir un legado de esperanza y generosidad que sea inspiración para las generaciones futuras.

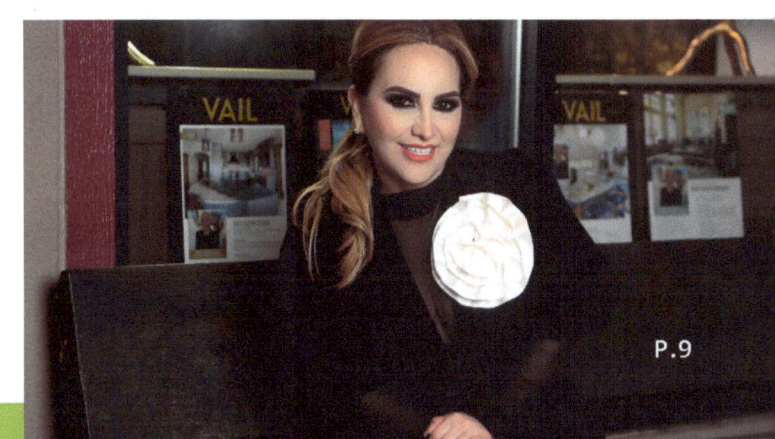

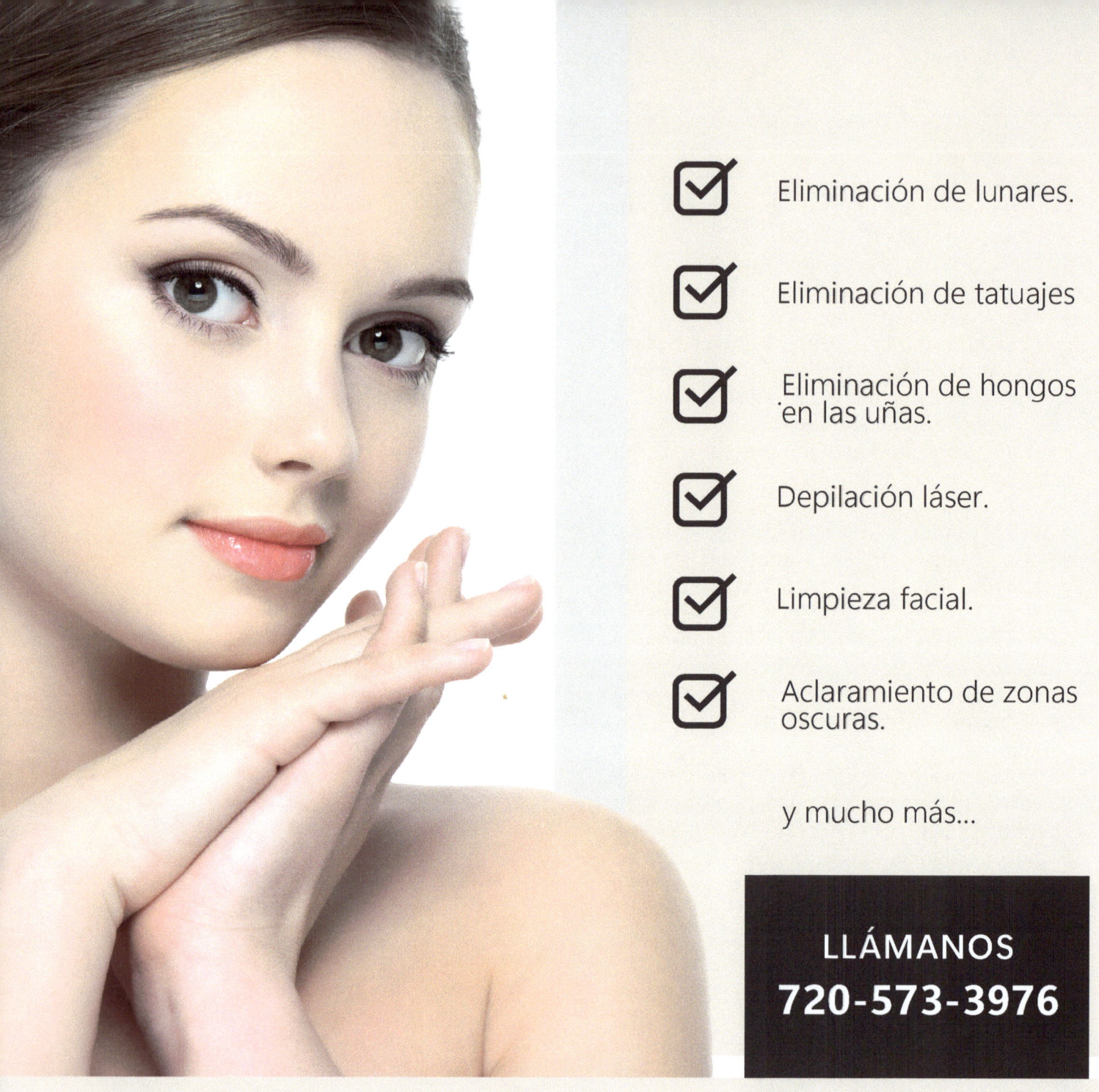

LC
LUIS CANO

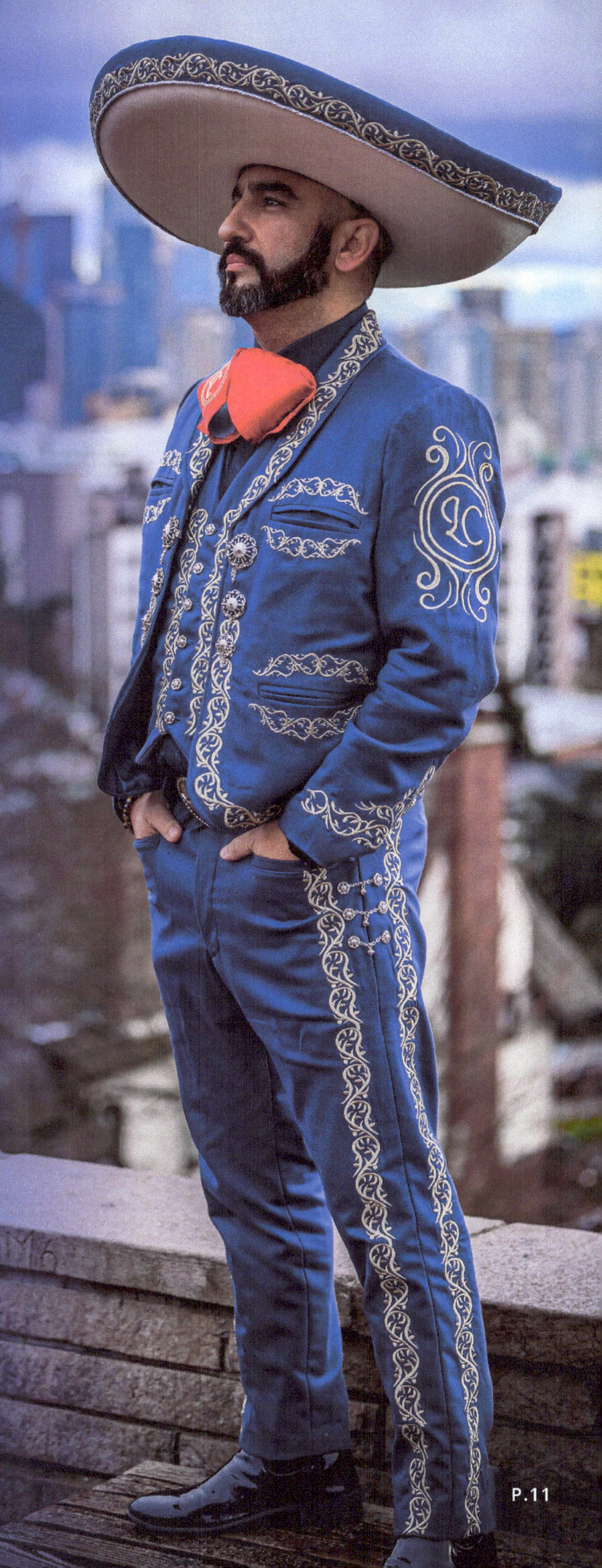

"Ahora Van las Mías"

Más que el título de mi primer disco; es un viaje musical que fusiona la esencia del Mariachi con la riqueza de las canciones clásicas americanas. Desde niño llevo la música en la sangre y ahora con esta primera producción les comparto las canciones que a mí me gustan, pero de una manera única, con Mariachi.

Soy Orgullosamente de Chihuahua y por ser del Norte le quise dar un toque especial llevando en todas mis canciones algo de acordeón. Para mí el cantar es llenarme el alma cada noche de sentimientos hechos canción. Cantando con los Mariachis de Seattle fue como llegué a encontrar lo que realmente siento mío, cantar Mariachi, pero yo siento que el cantarlo en inglés es la combinación perfecta para mí. Digamos que es muy gratificante el crear arte que sea bonito para mí y poder compartirlo con ustedes.

Muchas gracias a GLEAMER Magazine por darme el espacio de contar mi historia. Busque mi música en su plataforma favorita o en las redes sociales como @luiscanomariachi ¡Espero muy pronto poder cantar en su ciudad!

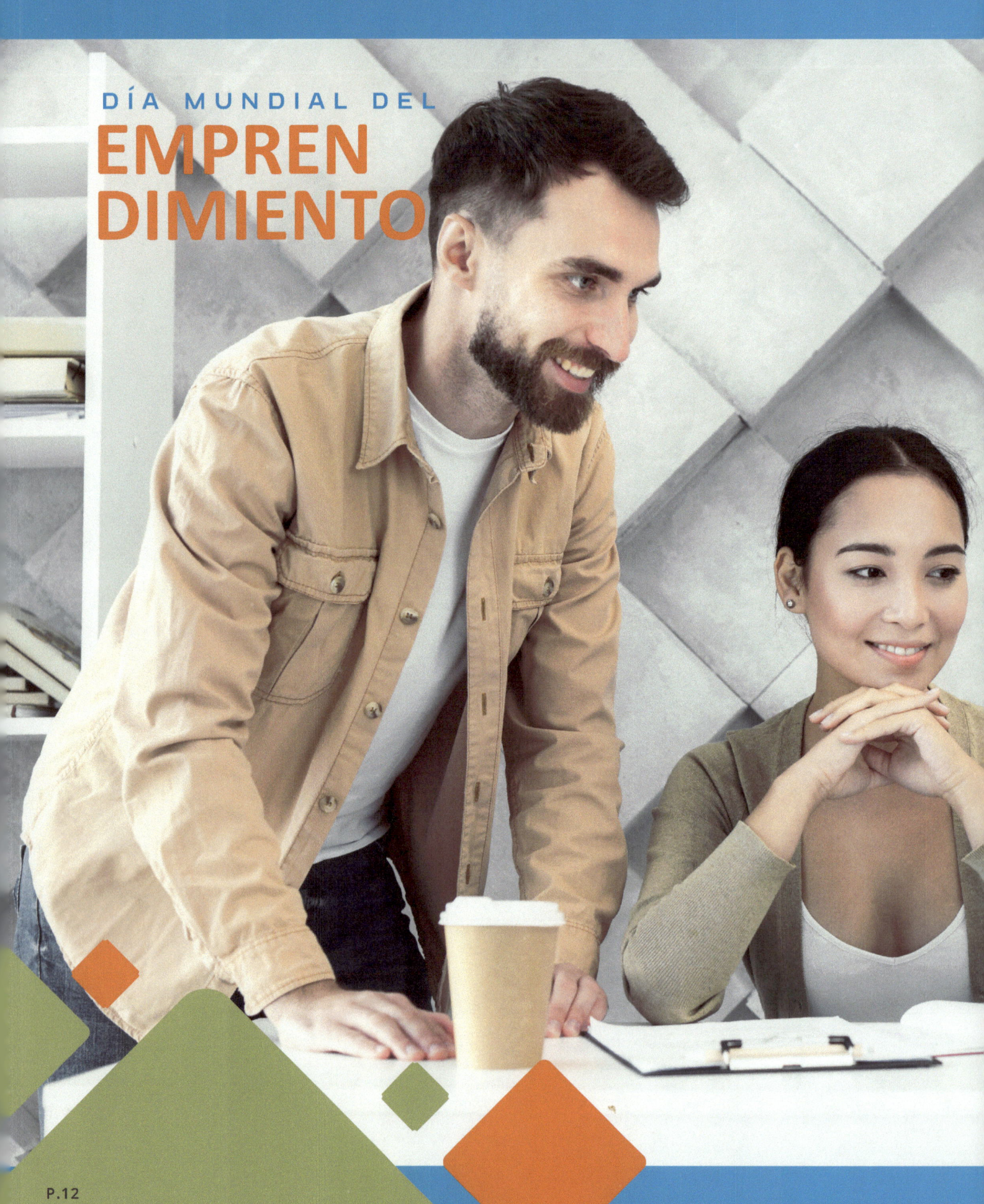

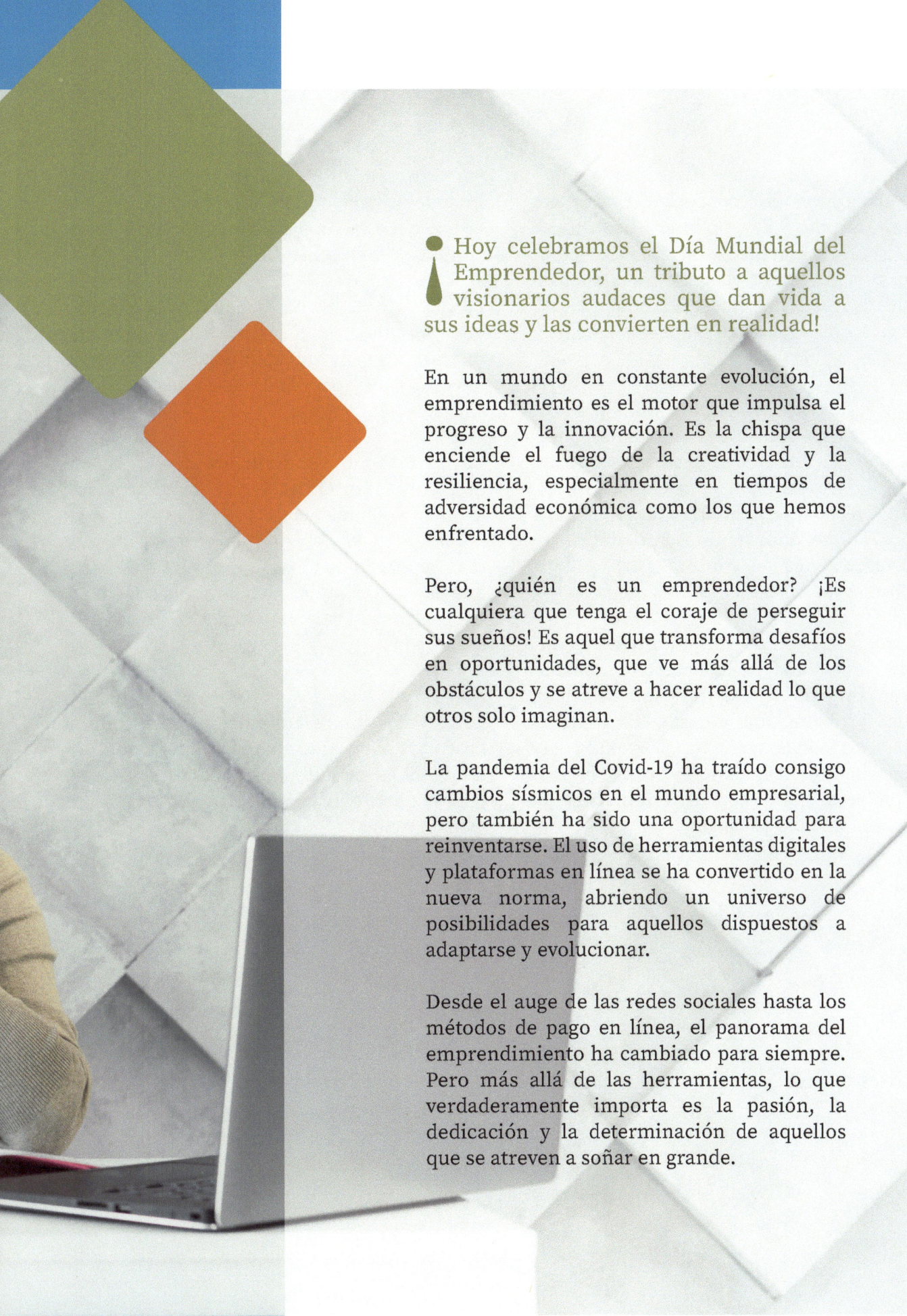

● Hoy celebramos el Día Mundial del Emprendedor, un tributo a aquellos visionarios audaces que dan vida a sus ideas y las convierten en realidad!

En un mundo en constante evolución, el emprendimiento es el motor que impulsa el progreso y la innovación. Es la chispa que enciende el fuego de la creatividad y la resiliencia, especialmente en tiempos de adversidad económica como los que hemos enfrentado.

Pero, ¿quién es un emprendedor? ¡Es cualquiera que tenga el coraje de perseguir sus sueños! Es aquel que transforma desafíos en oportunidades, que ve más allá de los obstáculos y se atreve a hacer realidad lo que otros solo imaginan.

La pandemia del Covid-19 ha traído consigo cambios sísmicos en el mundo empresarial, pero también ha sido una oportunidad para reinventarse. El uso de herramientas digitales y plataformas en línea se ha convertido en la nueva norma, abriendo un universo de posibilidades para aquellos dispuestos a adaptarse y evolucionar.

Desde el auge de las redes sociales hasta los métodos de pago en línea, el panorama del emprendimiento ha cambiado para siempre. Pero más allá de las herramientas, lo que verdaderamente importa es la pasión, la dedicación y la determinación de aquellos que se atreven a soñar en grande.

¡El dilema entre ser empleado y emprender nunca ha sido tan emocionante como ahora!

La educación convencional nos ha guiado hacia el camino de conseguir un empleo estable después de obtener un título académico. Y sí, merece un aplauso, pero ¿qué pasa si queremos más? ¿Si anhelamos la libertad de gestionar nuestro tiempo y ser nuestros propios jefes? La respuesta es clara: ¡emprender!

A menudo, nos detenemos ante mitos que nos hacen dudar de nuestras capacidades para emprender. La idea de necesitar una vasta experiencia previa o un gran capital inicial puede parecer abrumadora. También nos paraliza el temor a los trámites burocráticos o a que nuestra idea sea copiada. Pero, ¿sabes qué? ¡Todo esto son solo barreras mentales!

La realidad es que el emprendimiento es un camino que cualquier persona puede recorrer con éxito. No se trata solo de tener una idea brillante, sino de estar dispuesto a aprender, a capacitarse y a evolucionar constantemente. El éxito no llega de la noche a la mañana, pero con determinación y perseverancia, todo es posible.

¡El perfil del emprendedor moderno es más emocionante que nunca!

Ser emprendedor va más allá de tener recursos financieros; se trata de poseer una visión clara, acompañada de cualidades que conducen al éxito.

La iniciativa y la creatividad son la gasolina que impulsa el negocio hacia adelante, mientras que la adaptabilidad nos permite navegar por los cambios y desafíos que surgen en el camino.

La formación continua es clave; nunca dejamos de aprender y crecer, adquiriendo las herramientas necesarias para triunfar. La ambición y el espíritu de superación nos mantienen enfocados en el futuro, mientras que la creación de soluciones innovadoras nos permite dejar una marca positiva en la sociedad.

Delegar y tomar decisiones con valentía son habilidades imprescindibles, al igual que la destreza en la negociación y el liderazgo. Pero también se necesitan cualidades humanas, como la comunicación, la autoconfianza y la transparencia.

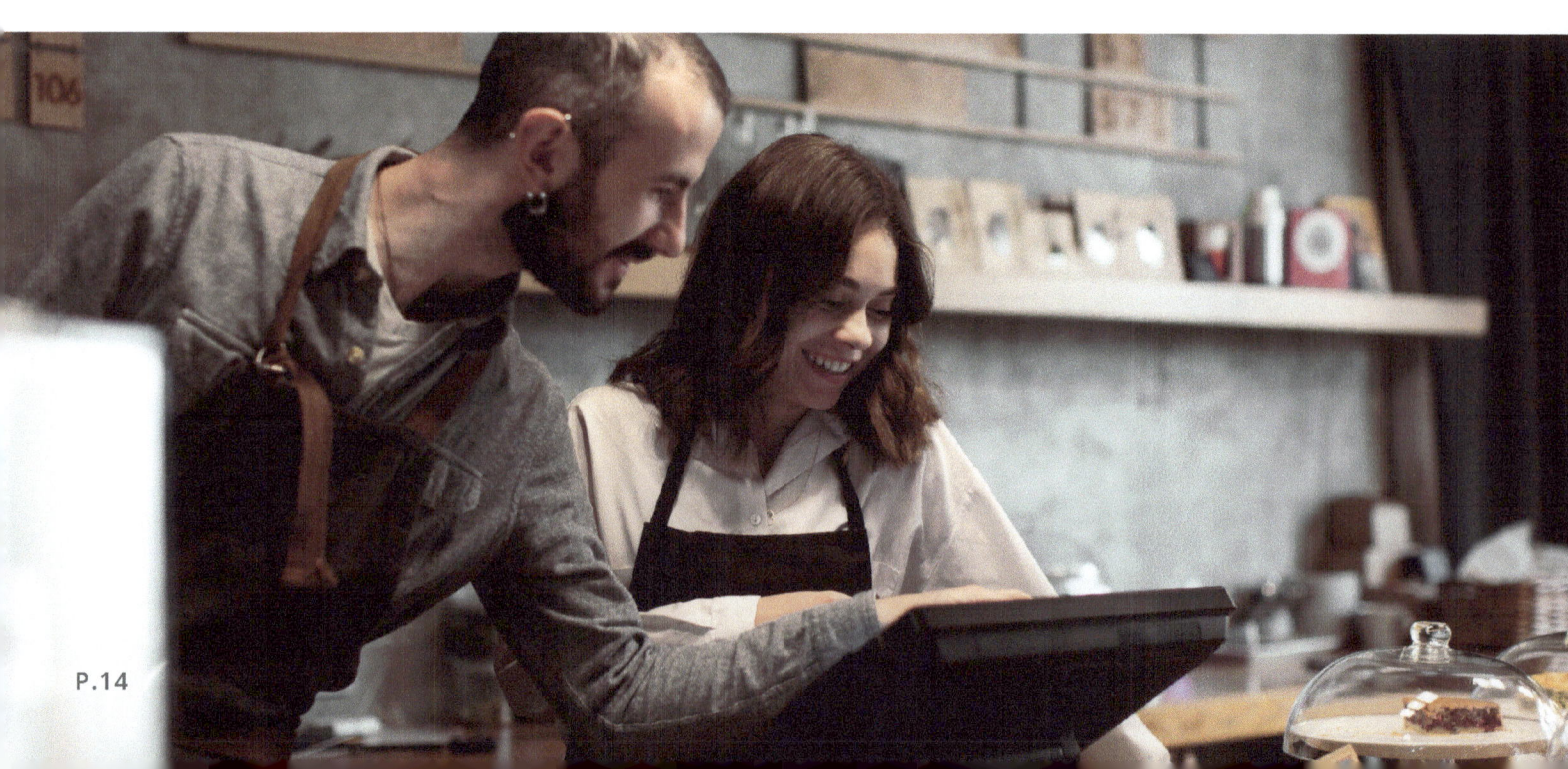

¡Inicia tu camino hacia el éxito emprendedor con pasos firmes y optimismo!

Primero, define tu propuesta de valor: analiza tu idea de negocio y asegúrate de que sea innovadora y responda a las necesidades del mercado. Luego, establece un plan sólido: realiza un estudio de mercado y crea un modelo de negocio realista y alcanzable.
No emprendas solo: forma un equipo de trabajo con personas que compartan tu visión y aporten su experiencia y conocimientos. Cree en ti mismo y en tu proyecto; la confianza es clave para atraer inversores y clientes.

Busca apoyo y orientación: investiga sobre las entidades y organizaciones que ofrecen ayuda a emprendedores, desde mentorías hasta financiamiento. El respaldo de inversores, medios de comunicación y fundaciones dedicadas al emprendimiento puede ser fundamental para el crecimiento y éxito de tu iniciativa.

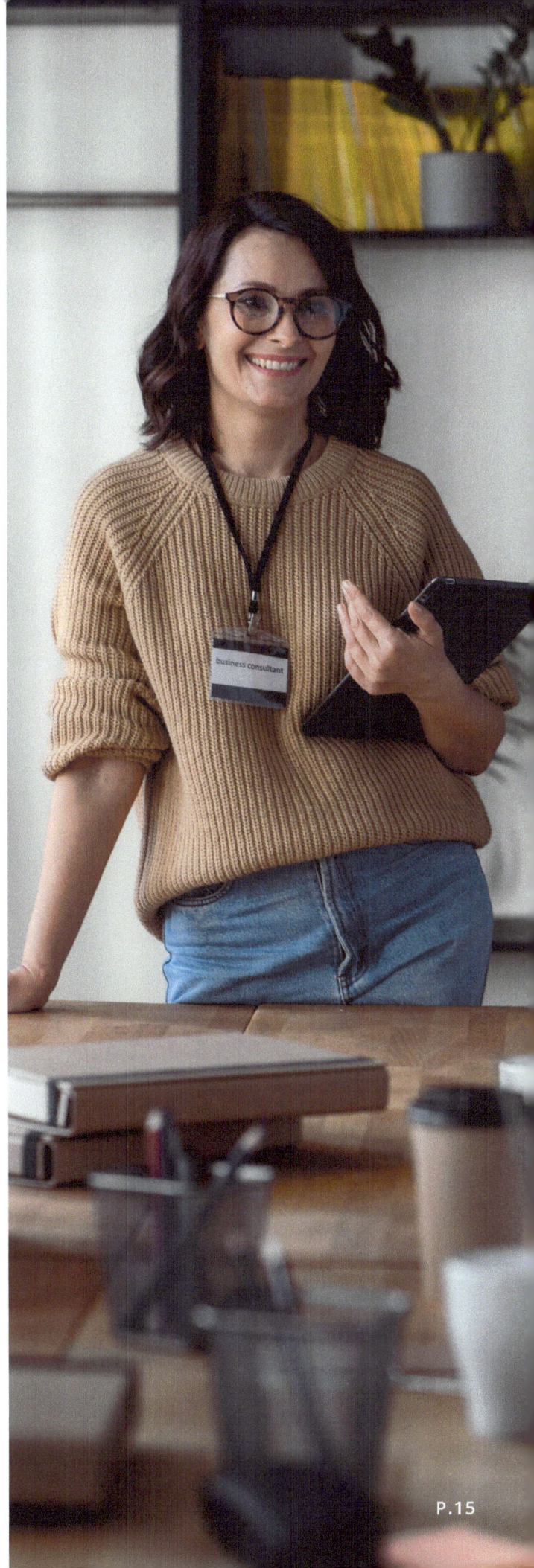

¡Atrévete a dar el primer paso y convierte tus sueños en realidad!

En este Día Mundial del Emprendedor, te invitamos a que te sumes a la revolución del emprendimiento. ¡No hay límites para lo que podemos lograr cuando nos atrevemos a creer en nosotros mismos y en nuestras ideas! ¡Hagamos de cada día una oportunidad para innovar, crear y alcanzar el éxito juntos!

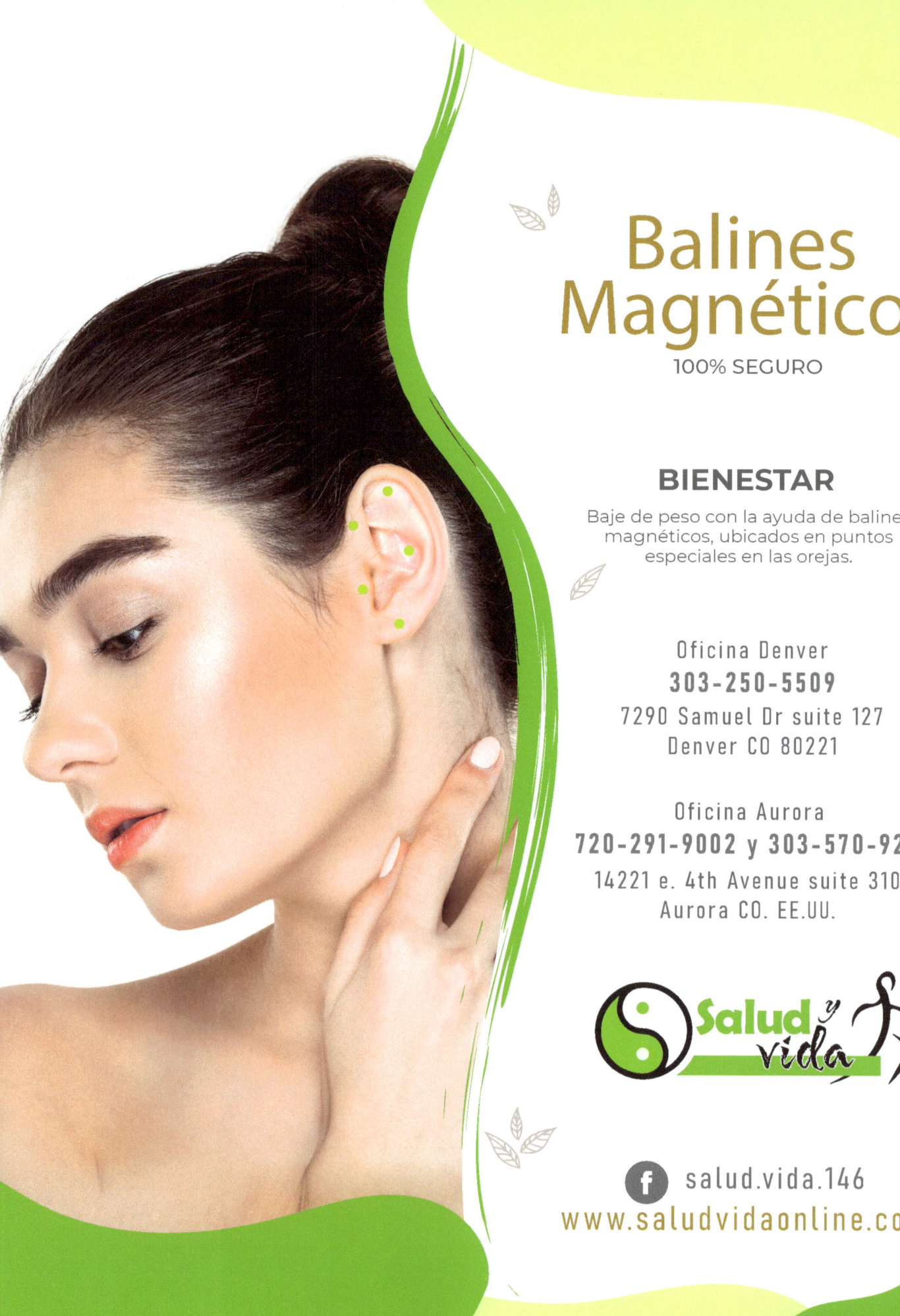

JUSTICIA
PARA TODOS

Protegemos tus derechos con experiencia y compromiso, buscando soluciones legales con integridad.

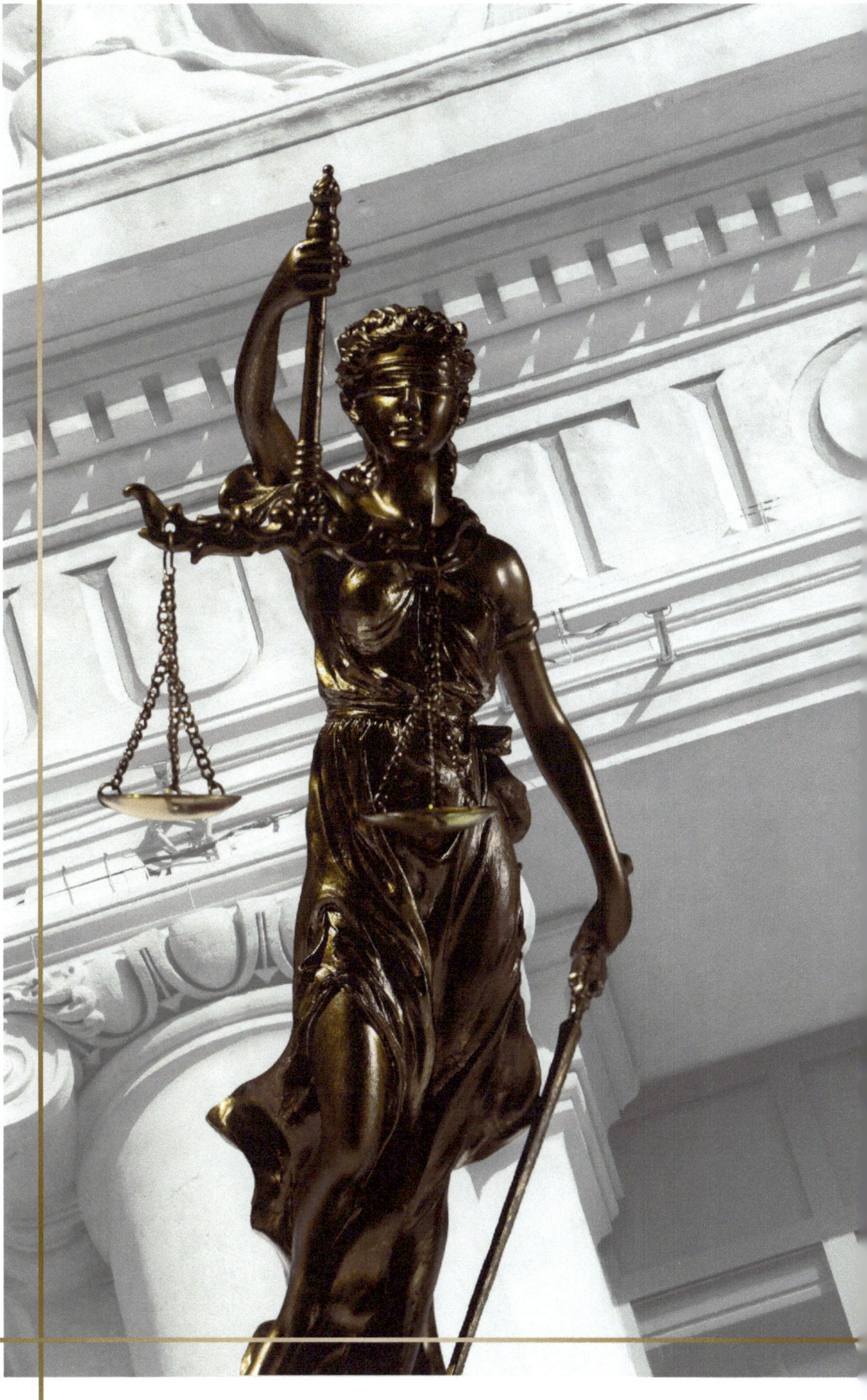

www.matoslawfirm.com
/matoslawfirm   @MatosLawFirm

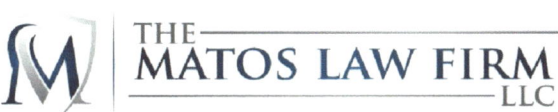

LISANDRA MATOS
ATTORNEY AND FOUNDER

550 S. Wadsworth Blvd. Ste. 300
Lakewood, CO 80226
Tel: 720-912-7274 Fax: 866-309-1845

DÍA INTERNACIONAL DEL JAZZ

El Día Internacional del Jazz, un momento para sumergirse en la corriente vital de la música, celebrando su capacidad para unir, educar y transformar. Desde los rincones más remotos hasta las grandes metrópolis, el jazz resuena con su llamado a la paz, el diálogo y la cooperación.

Declarado por la UNESCO en 2011, este día nos invita a explorar las profundidades del jazz, un género musical arraigado en las melodías afroamericanas y en la improvisación liberadora. Surgido en el siglo XIX en los Estados Unidos, el jazz ha viajado por el mundo, fusionándose con otros ritmos para crear una sinfonía global de armonía y diversidad.

Pero el jazz es más que música; es un idioma universal de las emociones, una expresión auténtica que trasciende las barreras del tiempo y el espacio. Con su capacidad para conectar corazones y mentes, el jazz se convierte en un catalizador de cambio social, fomentando la igualdad, la unidad y la tolerancia.

A lo largo de la historia, el jazz ha sido moldeado por manos maestras que han esculpido su esencia en notas y ritmos inolvidables. Desde los vibrantes acordes de Charlie Parker hasta la elegancia atemporal de Billie Holiday, estos grandes músicos han tejido un tapiz sonoro que perdura en el tiempo y trasciende fronteras.

Charlie Parker, el genio del saxofón, nos lleva en un viaje de improvisación y virtuosismo que aún resuena en los corazones de los amantes del jazz. Su legado, marcado por composiciones atemporales, continúa inspirando a músicos de todo el mundo.

Duke Ellington, maestro indiscutible del piano y director de orquesta, nos sumerge en un torbellino de armonías y melodías que despiertan la pasión y la emoción. Su vasto repertorio y su incomparable talento lo convierten en una leyenda del jazz que sigue brillando con intensidad.

Thelonious Monk, con su estilo único y su genialidad creativa, nos invita a explorar nuevos horizontes sonoros. Su virtuosismo en el piano y sus composiciones innovadoras han dejado una huella imborrable en la historia del jazz.

Billie Holiday, con su voz etérea y su profunda expresión emocional, nos transporta a un mundo de melancolía y belleza. Su legado, impregnado de pasión y dolor, sigue resonando en cada nota y cada suspiro.

Ella Fitzgerald, la reina del scat y la voz femenina por excelencia del jazz, nos cautiva con su elegancia y su técnica impecable. Su colaboración con grandes del jazz como Louis Armstrong y Duke Ellington la consagra como una de las más grandes intérpretes de todos los tiempos.

En este Día Internacional del Jazz, reflexionemos sobre el poder del jazz para inspirar, educar y transformar. Celebremos la magia y la diversidad de este género musical único. Acompañemos a los grandes exponentes del jazz en un viaje lleno de pasión, creatividad y virtuosismo. Sumérgete en la música, déjate llevar por el ritmo y descubre la belleza infinita del jazz.

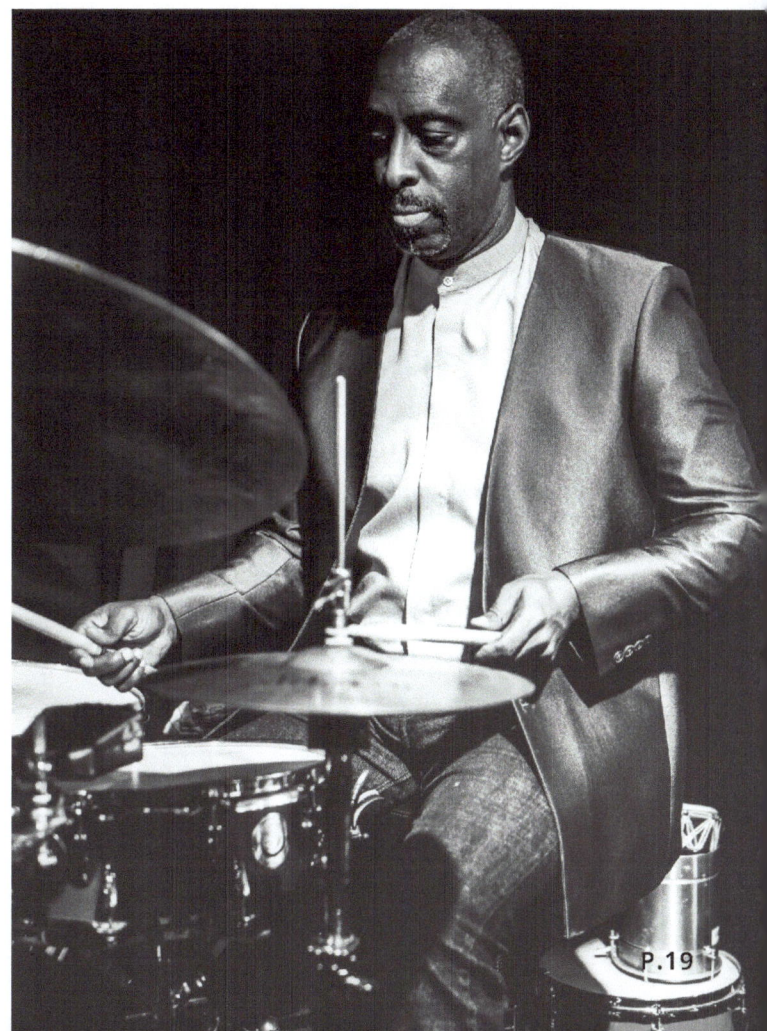

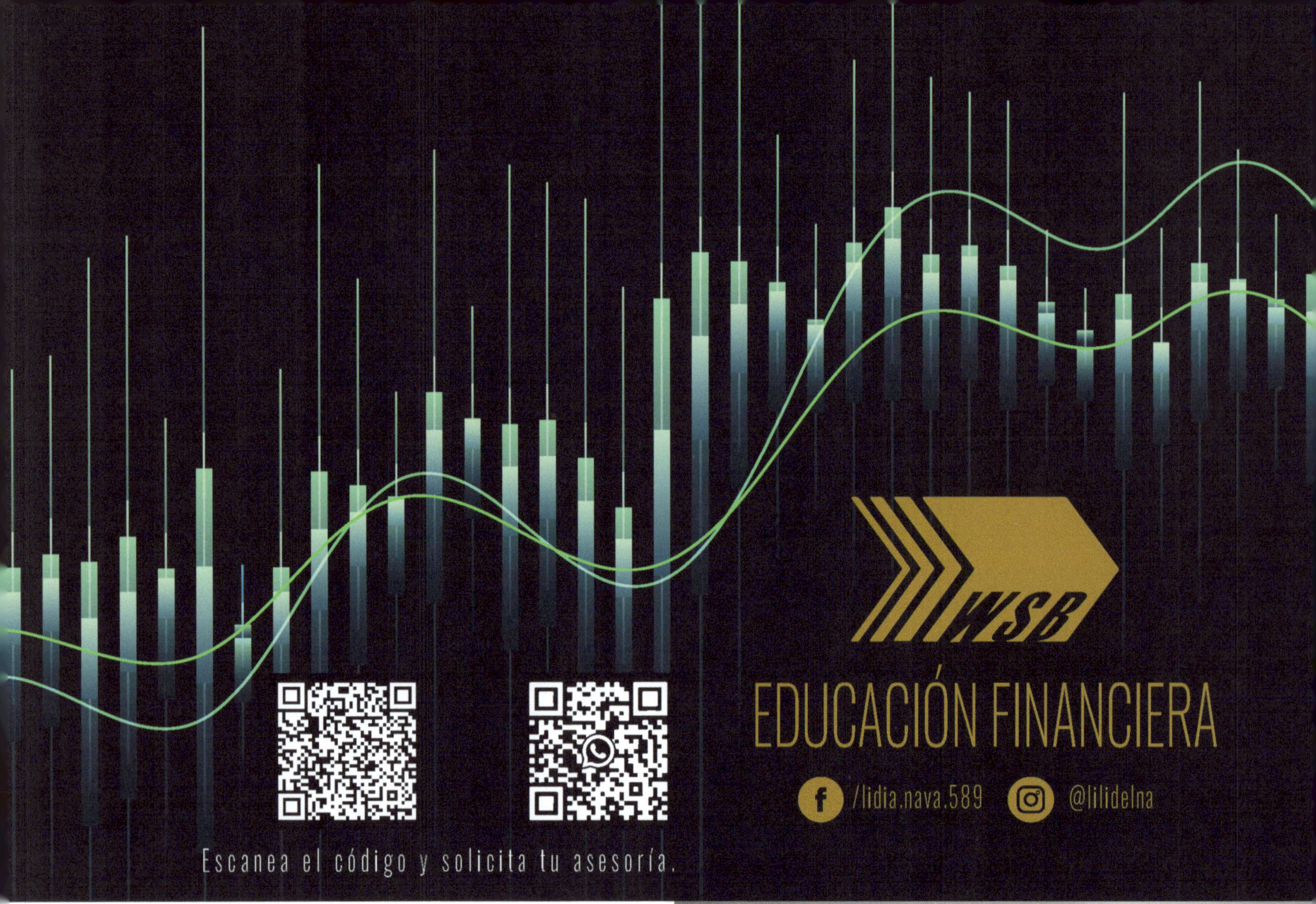

EDUCACIÓN FINANCIERA

WSB

f /lidia.nava.589   @lilidelna

Escanea el código y solicita tu asesoría.

World System Builder

Comunidad de profesionales financieros, con la misión de brindar la mejor educación financiera y revolucionar la industria de servicios financieros a través de un sistema confiable y construible.

Estamos construyendo una nueva industria y listos para cambiar el mundo.

(720) 485 2928

delinade33@gmail.com

2099 Gold St. PO Box 2028, Santa Clara, CA.

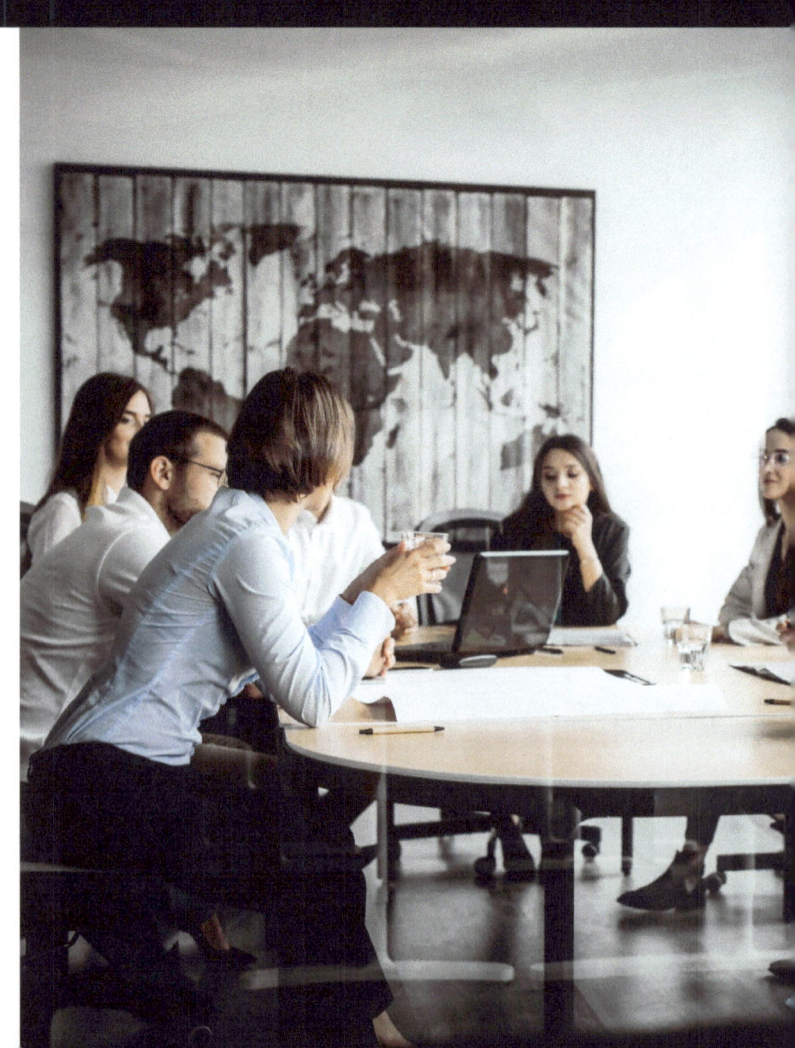

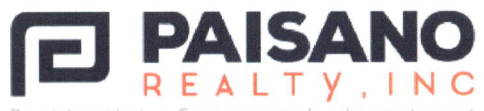

ABRE LA PUERTA
A GRANDES OPORTUNIDADES

MEJOR PRECIO

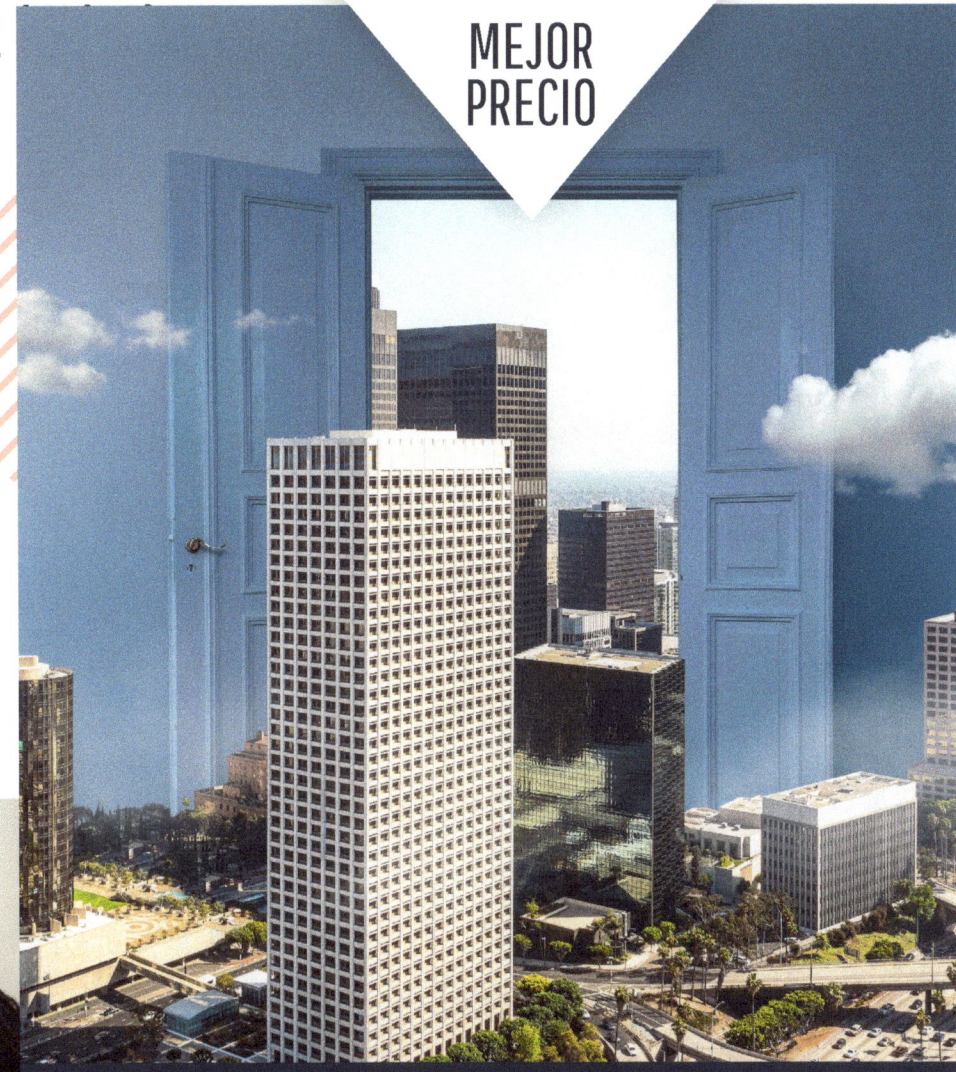

RESIDENCIAL
COMERCIAL
INVERSIÓN

¡Bienvenido a Paisano Realty, Inc.!

Hemos abierto la puerta a muchas familias en Colorado durante más de 20 años, y hoy continuamos ayudando a nuestros clientes a lograr sus objetivos, porque todos merecen tener un lugar al que llamar hogar y en el que puedan seguir creciendo.

f /PaisanoRealty   www.paisano.com

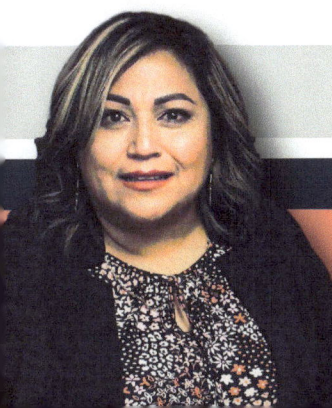

ERICA ARRIAGA
Associate Broker
(303) 433 3531 - (720) 276 3271

ÁNGEL HERNÁNDEZ
CEO Broker
(303) 455 2555 (303) 947 7077

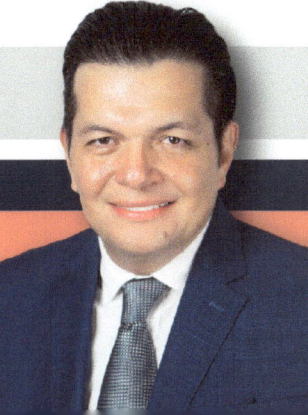

15 ABRIL

DÍA MUNDIAL DEL *arte*

El Día Mundial del Arte, cada 15 de abril, es una celebración que rinde homenaje al pensamiento creativo y a la importancia del arte en la evolución humana. Propuesto por la Asociación Internacional de Artes Plásticas y oficializado por la UNESCO en 2019, esta fecha coincide con el natalicio de uno de los más grandes genios artísticos de la historia, Leonardo Da Vinci, un hombre multifacético del Renacimiento.

Leonardo da Vinci

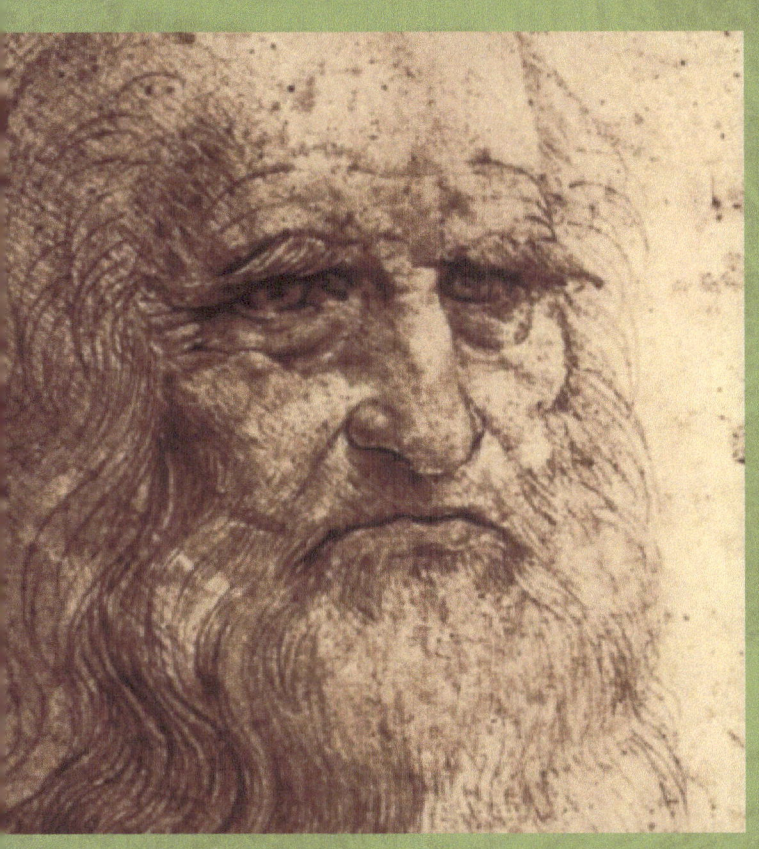

El arte, como expresión evolucionada de la humanidad, permite a los individuos manifestar sus visiones personales, preocupaciones e intereses a través de diversos medios plásticos, sonoros o lingüísticos. Sus beneficios son incontables: fortalece la ética, aumenta la concentración, desarrolla estructuras de pensamiento complejas, fomenta la creatividad individual y grupal, promueve la tolerancia, y eleva la confianza y el autoconcepto.

Para celebrar este día, se organizan una variedad de eventos como exposiciones, talleres, cursos y clases abiertas, así como obras teatrales y conciertos. Asistir a estas actividades es una excelente manera de sumergirse en el mundo del arte y disfrutar de su infinita belleza y significado. ¡Únete a la celebración y deja que el arte inspire tu vida!

¡un auténtico gigante del Renacimiento! Este hombre, más que un simple mortal, fue un polímata excepcional, un verdadero homo universalis. Desde la pintura hasta la ingeniería, pasando por la anatomía y la botánica, ¡Leonardo incursionó en todo! Imaginen, ¡un solo individuo abarcando tantos campos del conocimiento humano!

Sus contribuciones científicas e inventivas fueron simplemente sorprendentes. Mientras sus contemporáneos pasaban por alto sus investigaciones, él estaba años, ¡siglos incluso!, por delante de su tiempo. ¿Aerodinámica? ¡Hidráulica! ¡Anatomía! Leonardo tocaba todos estos temas con la misma maestría y visión futurista que cualquier científico moderno.

Ah, pero en su genio artístico es donde realmente brilla. ¡Junto a Miguel Ángel y Rafael, forma parte de la tríada divina del Renacimiento! Sus obras, aunque no sean numerosas, son como destellos de luz en la oscuridad. La manera en que maneja la composición, la luz, ¡y la anatomía humana! ¡Es simplemente celestial!

Y sus dibujos, ¡Fueron una avalancha de creatividad y detalle! Desde los estudios de proporciones humanas hasta los paisajes más idílicos, Leonardo plasmó todo lo que le asombraba con una precisión y belleza que desafían la comprensión.

En resumen, Leonardo da Vinci no fue solo un hombre, fue una fuerza de la naturaleza. Su legado perdura, ¡inspirando a generaciones enteras con su inigualable genio artístico y científico!

¡Qué privilegio es tan solo intentar comprender la magnitud de su grandeza!

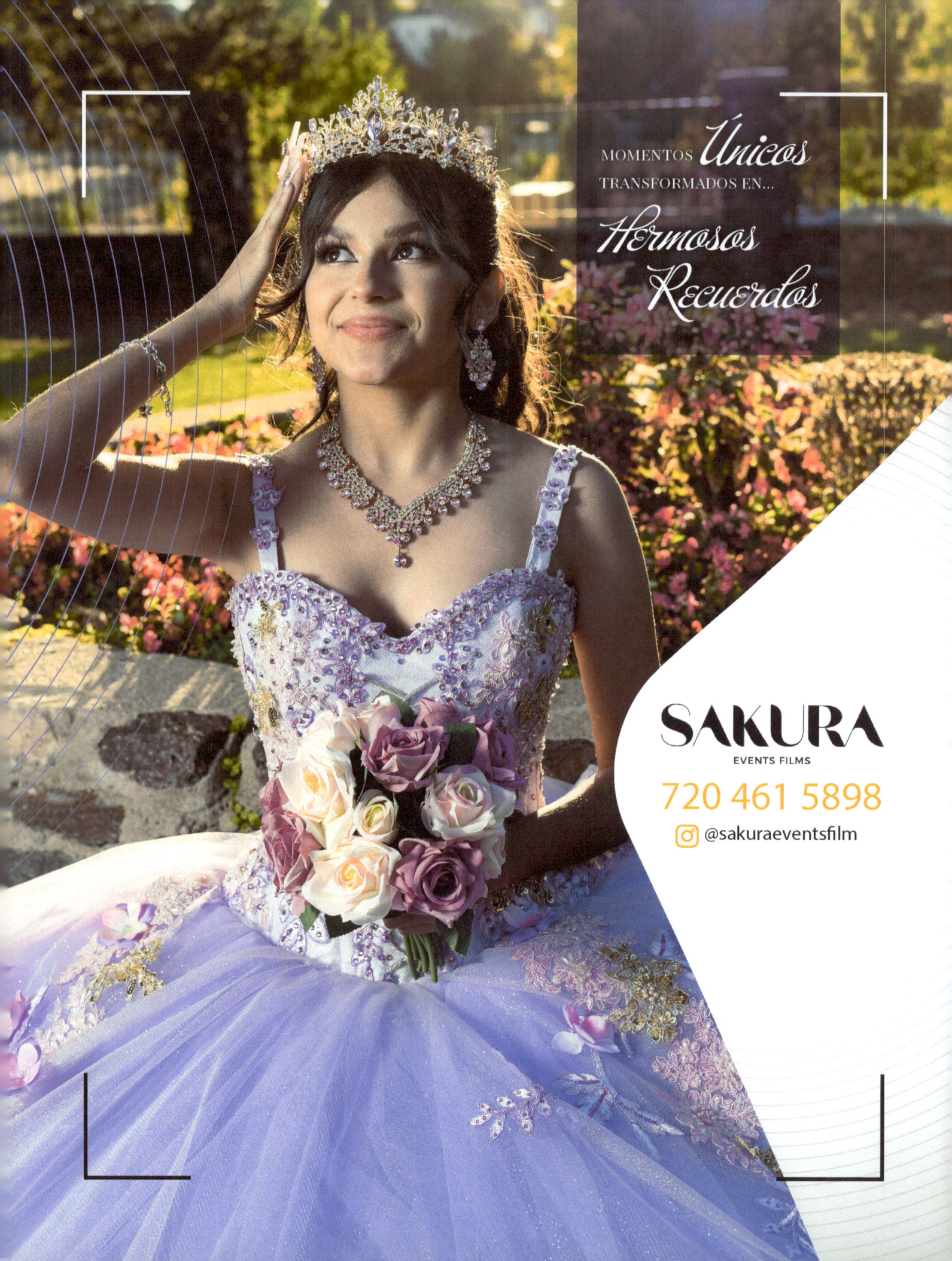

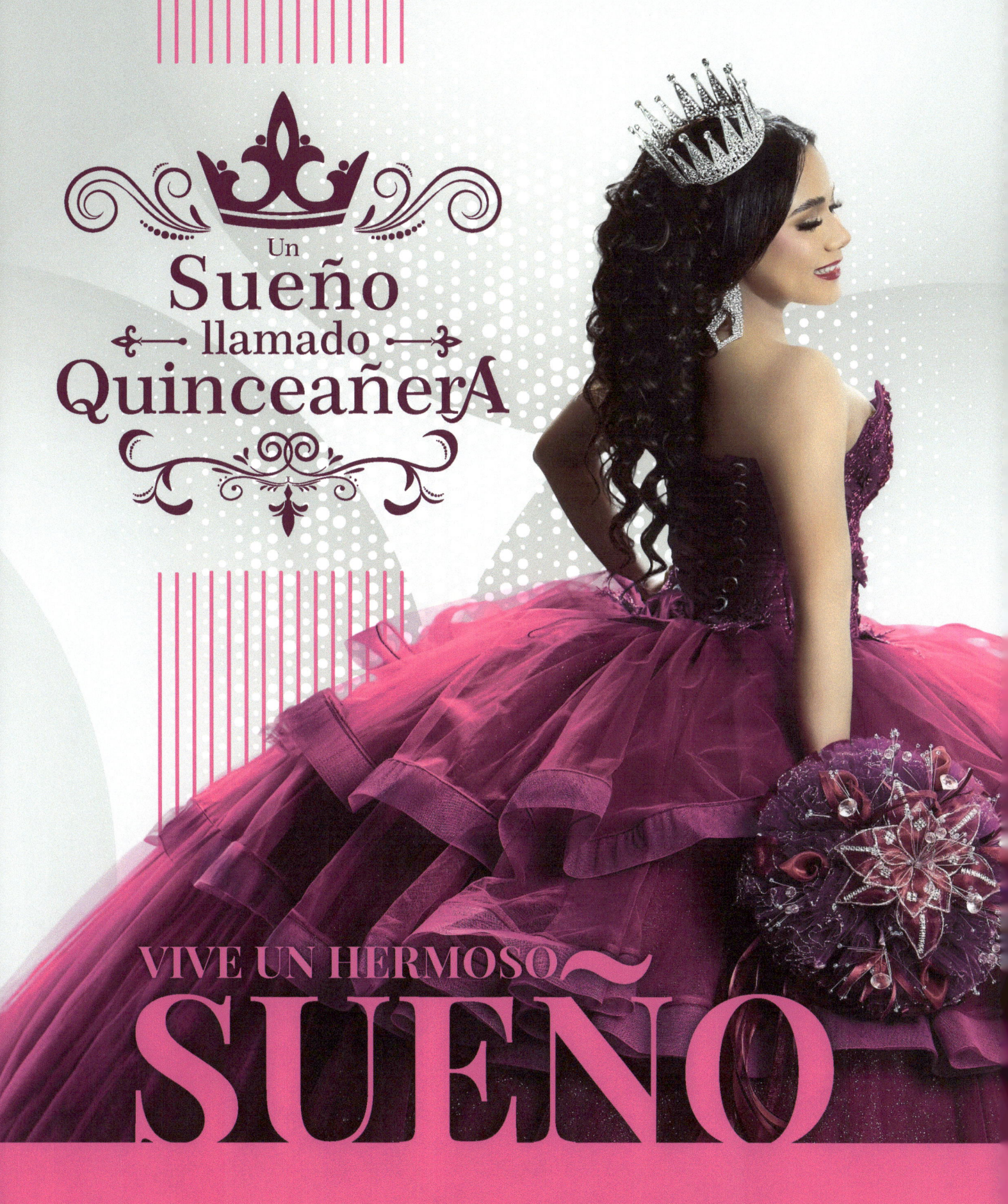

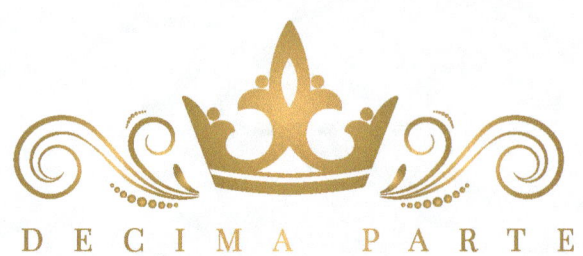

DÉCIMA PARTE

PLANEACIÓN Y ORGANIZACIÓN DE TU
QUINCEAÑERA O DULCES 16.

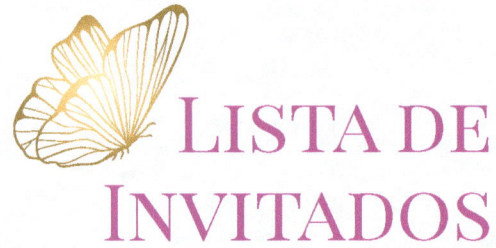

Lista de Invitados

LISTA DE INVITADOS E INVITACIONES

Información de los Invitados
La Lista "B"
Frases Inspiradoras
La Estructura de la Invitación

La mejor parte de tener una quinceañera es celebrarlo con tus familiares y amigos más cercanos. Dicho esto, no es necesario invitar a personas que no conoces o con las que no tienes una relación cercana. Es importante que las personas que más importan para ti sean invitadas. Pero igual de importante es asegurarse de que las personas que no invites no se cuelen sin invitación.

La mejor manera de controlar tu lista de invitados es organizarte desde el principio y mantener la organización con tu lista durante toda la planificación de la fiesta.

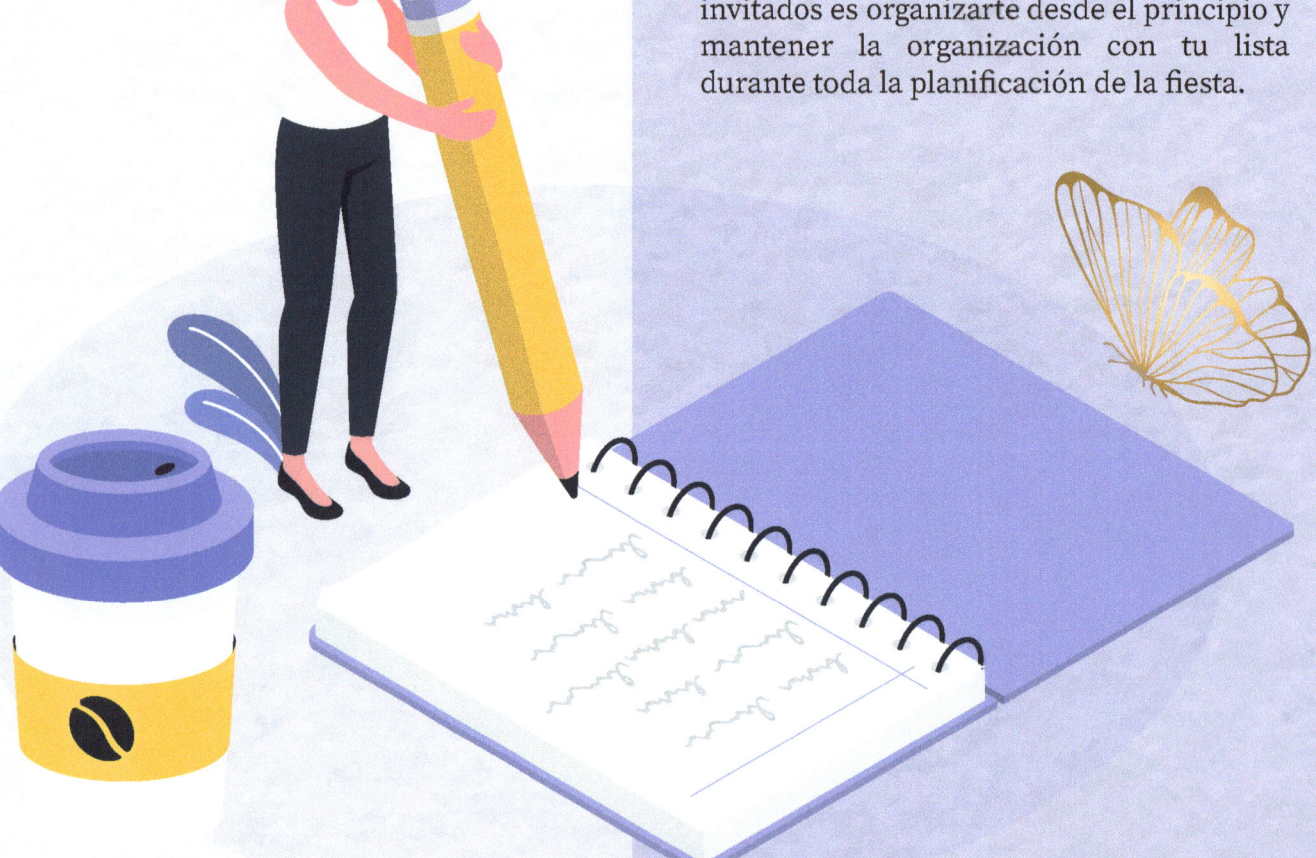

PREGUNTAS IMPORTANTES

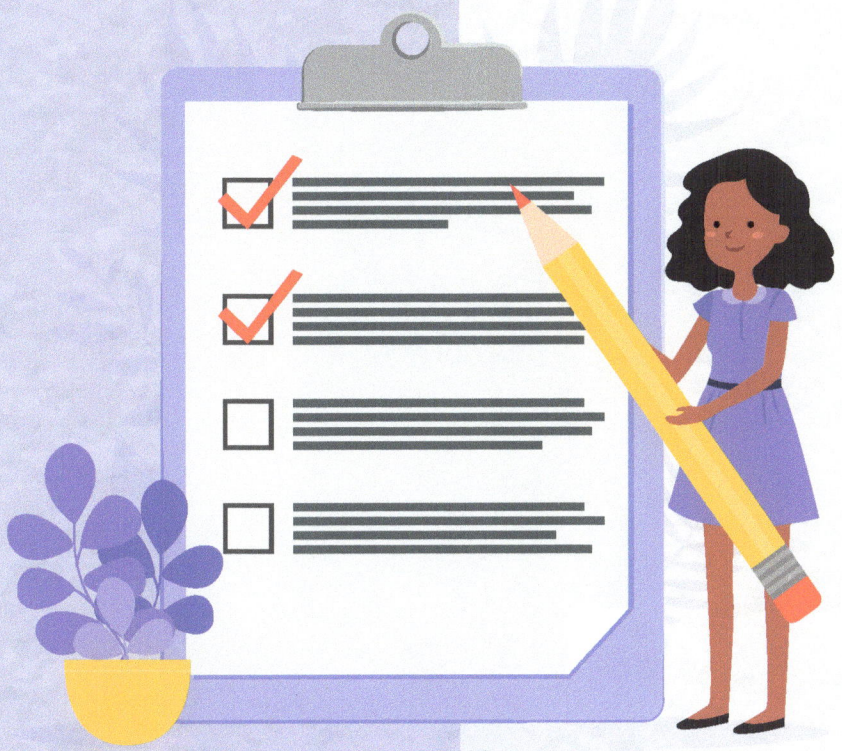

La longitud de la lista de invitados de cada quinceañera dependerá de diferentes factores. Por ejemplo, si tu familia es grande, deberías esperar tener una lista larga. Si vienes de una familia pequeña pero tienes muchos amigos, también deberías esperar tener una lista larga.

Pero si no tienes ni una familia grande ni un círculo extenso de amigos, tu lista será relativamente más corta. Debes saber que el número de invitados, no importa cuán grande o pequeño sea, no determina el éxito de tu celebración. Después de todo, las personas hacen los recuerdos, no el número de invitados.

Otro factor clave que afectará tu lista de invitados es el presupuesto de tu fiesta. Idealmente, la mayoría de las quinceañeras quieren invitar a todos sus amigos a su fiesta. Pero en su mayor parte, sus presupuestos simplemente no les permiten tener una lista de invitados ilimitada.

ENCONTRAR TU NÚMERO MÁGICO DE INVITADOS:

¿Cuántas personas permite el presupuesto? Recuerda que debes ser capaz de sentar y alimentar a esta cantidad de personas.

¿Cuál es la capacidad de asientos de tu lugar?

¿Cuánto cuesta cada plato por persona?

Con tu presupuesto general en mente, ¿cuántos platos puedes permitirte?

El número mágico de invitados es

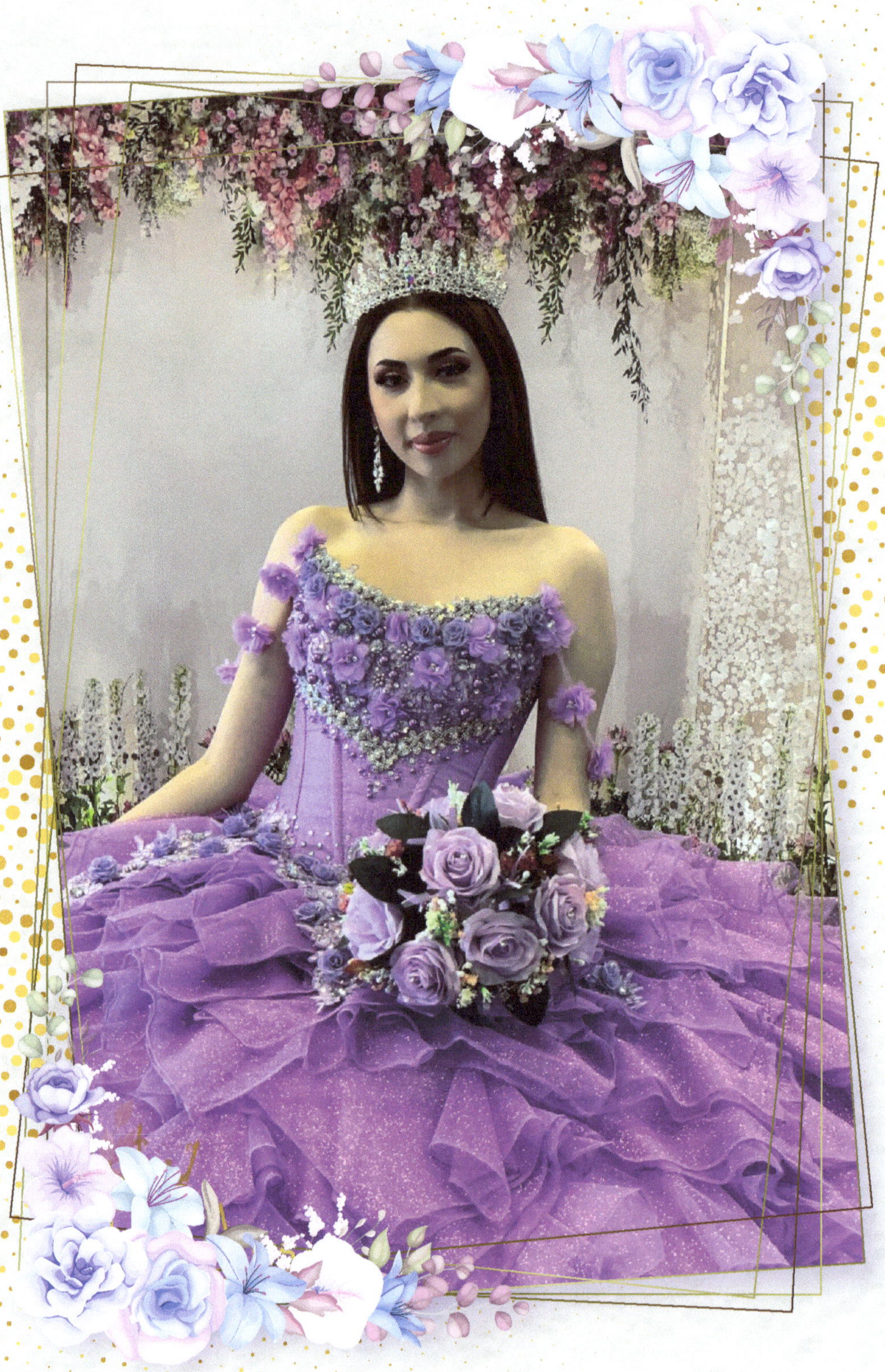

Llámanos: +1 720-730-0117
3890 Kipling st, Denver, CO.

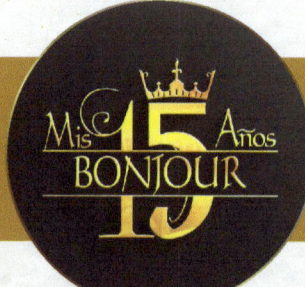

/misxv_bonjour

Mis Xv Años Bonjour

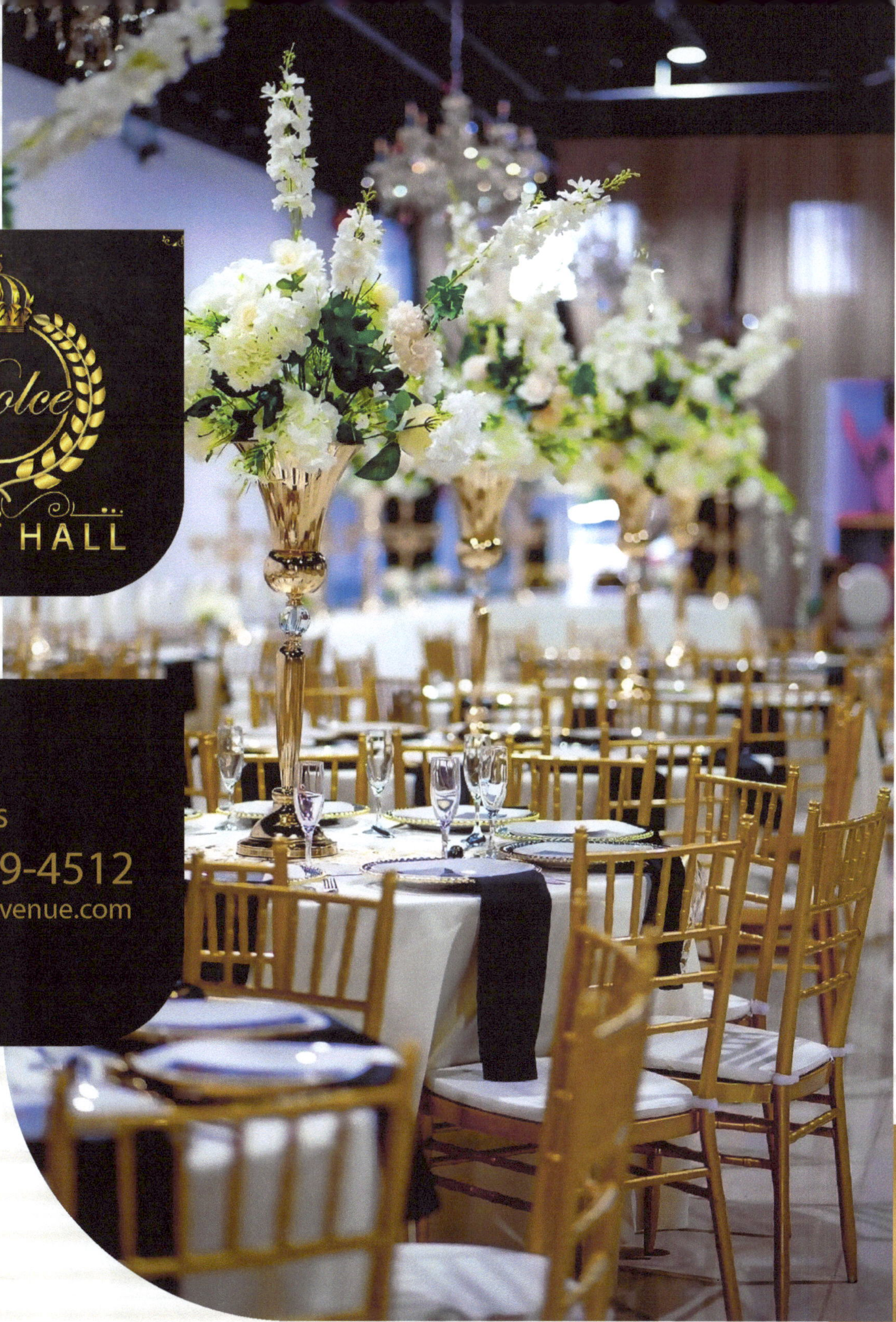

Dolce EVENT HALL

Llámanos
720-569-4512
www.dolcevenue.com

/eventdolce
/dolce_event_center_

15600 E 6th Ave, Aurora, CO 80011, EE. UU.

¡¡Creamos experiencias!!

Un escenario de ensueño para tus momentos más preciados: donde los sueños se convierten en realidades inolvidables.

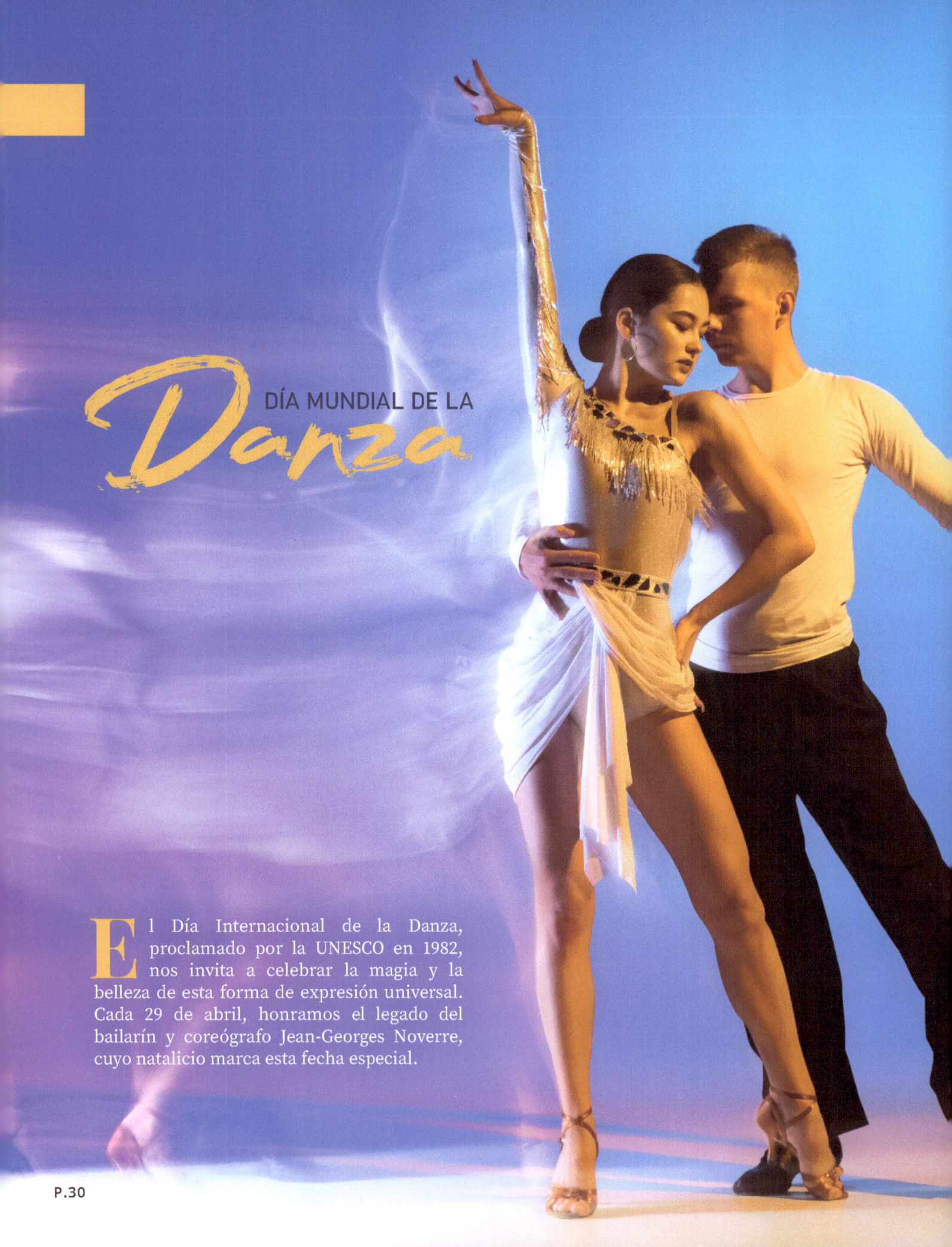

DÍA MUNDIAL DE LA
Danza

El Día Internacional de la Danza, proclamado por la UNESCO en 1982, nos invita a celebrar la magia y la belleza de esta forma de expresión universal. Cada 29 de abril, honramos el legado del bailarín y coreógrafo Jean-Georges Noverre, cuyo natalicio marca esta fecha especial.

La danza es mucho más que simples movimientos; es un lenguaje del cuerpo que trasciende barreras culturales y políticas. Es una forma de comunicar emociones y conectar con los demás a través del ritmo y la armonía. Desde tiempos ancestrales, los seres humanos han encontrado en la danza una manera de expresar sus alegrías, tristezas y esperanzas.

Hoy en día, la danza abarca una amplia gama de estilos y géneros, desde lo tradicional y folklórico hasta lo más moderno y urbano. Desde el flamenco hasta el hip hop, cada estilo tiene su propia historia y significado cultural.

Pero más allá de la diversidad de estilos, todos comparten elementos esenciales: un espacio para practicar y presentarse, una coreografía cuidadosamente diseñada, un entrenamiento constante y una vestimenta adecuada. Estos elementos se unen para crear una experiencia única que cautiva a bailarines y espectadores por igual.

En un torbellino de pasión y gracia, el mundo se une para celebrar el arte etéreo de la danza. El Comité Internacional de Danza, con la visión del maestro ruso Piepor Gusev, inspiró la creación de un día dedicado a esta expresión artística que trasciende fronteras y culturas.

La fecha elegida en honor al natalicio de Jean-Georges Noverre, nos invita a sumergirnos en el legado de este visionario bailarín francés. Con cada movimiento, Noverre revolucionó el mundo del ballet, convirtiéndose en el arquitecto del ballet moderno y dejando una huella indeleble en la historia de la danza.

Su debut ante la corte de Luis XV marcó el inicio de una carrera que lo llevó desde las salas de baile de París hasta los escenarios de Berlín y Lyon. Como coreógrafo y profesor, Noverre deslumbró al mundo con su innovación y creatividad, inspirando a generaciones futuras de bailarines a explorar nuevos horizontes en la danza.

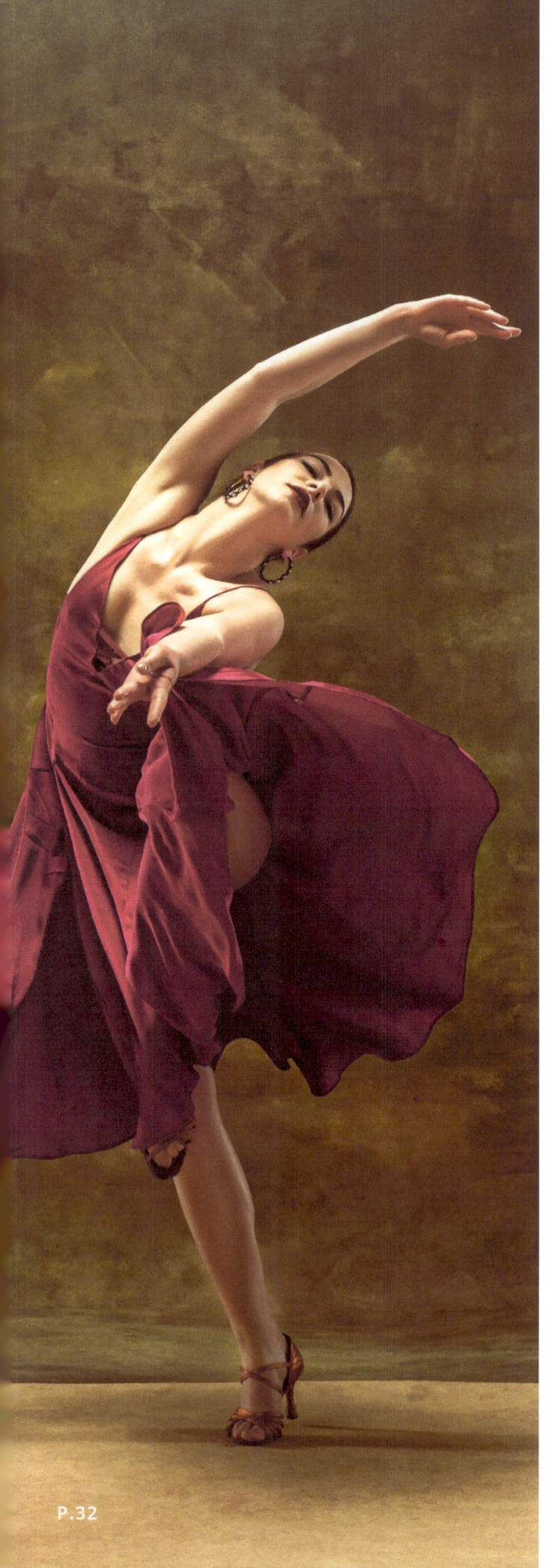

En el escenario vibrante de la danza, cada año se teje una nueva sinfonía de mensajes que encarnan la esencia misma de este arte milenario. Desde los rincones más remotos hasta los grandes escenarios del mundo, las figuras destacadas de la danza comparten sus visiones, sus sueños y sus pasiones con el universo entero.

En el 2023, el brillo de la danza se encarnó en la voz de Yang Liping, una fuerza creativa que trasciende fronteras y culturas. A lo largo de los años, figuras como Kang Sue-jin, Friedemann Vogel, y Karima Mansour han compartido sus palabras, sus sueños, y sus anhelos con el mundo entero. Cada mensaje es un testimonio de la magia de la danza, una invitación a explorar nuevos horizontes y a descubrir la belleza en cada paso.

Desde la pasión de Julio Bocca hasta la innovación de Trisha Brown, cada figura elegida aporta una perspectiva única, una voz que resuena en el alma y nos recuerda el poder transformador de la danza. En cada mensaje, encontramos inspiración, encontramos consuelo, encontramos la promesa de un mundo más bello y más vibrante.

En esta jornada dedicada al arte del movimiento, los escenarios se convierten en lienzos donde los bailarines despliegan su destreza y pasión. Clases abiertas, festivales vibrantes y muestras artísticas inundan cada rincón, invitando a todos a sumergirse en el mundo encantado de la danza.

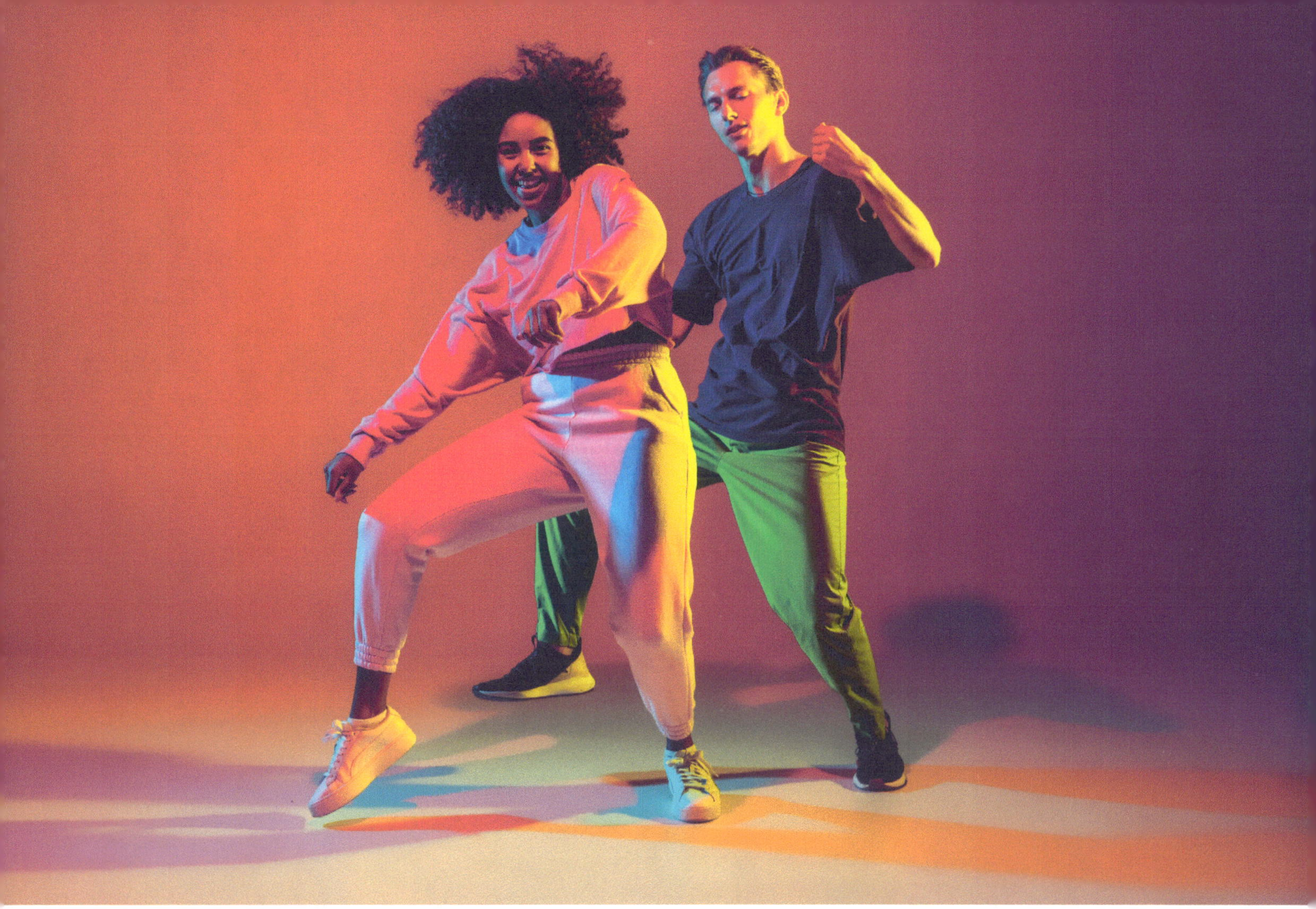

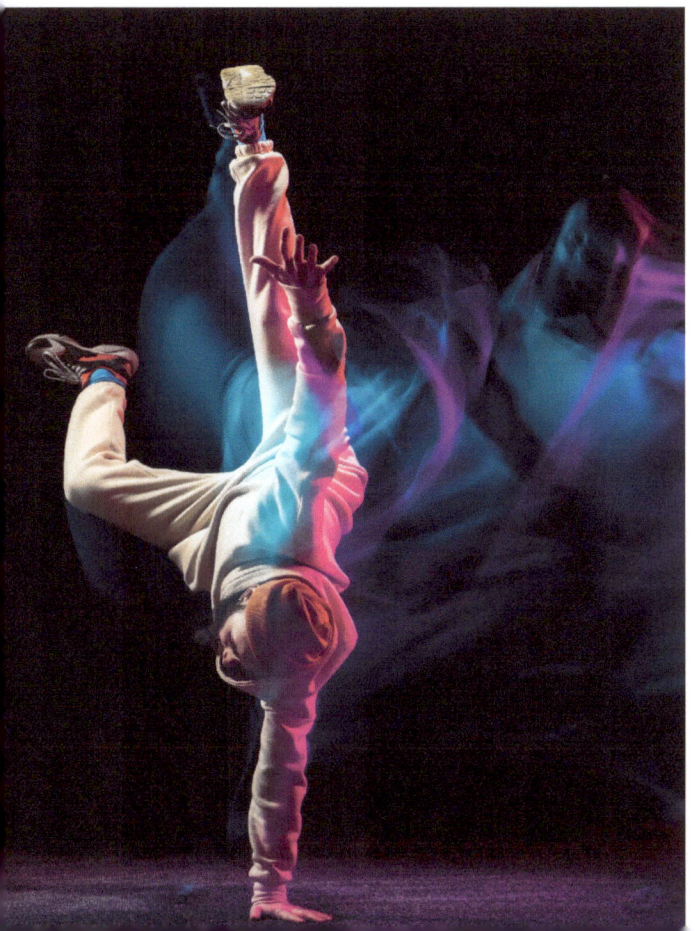

¿Cómo puedes unirte a la celebración? La respuesta es simple: ¡bailando! Deja que la música te guíe y libera tu espíritu en la pista de baile. Explora nuevos estilos y géneros, sumérgete en el hip hop, déjate llevar por la sensualidad del tango, o desafía la gravedad con el break dance. ¡La danza espera por ti, ansiosa de ser descubierta y disfrutada!

Así que, ¿qué esperas? Únete a la fiesta del movimiento, celebra la belleza de la danza y deja que tus pasos te lleven hacia una experiencia inolvidable. En este día celebremos la creatividad, la pasión y el poder transformador de esta forma de arte. ¡Únete al movimiento y deja que la danza te inspire a expresarte y explorar tu propio potencial creativo!

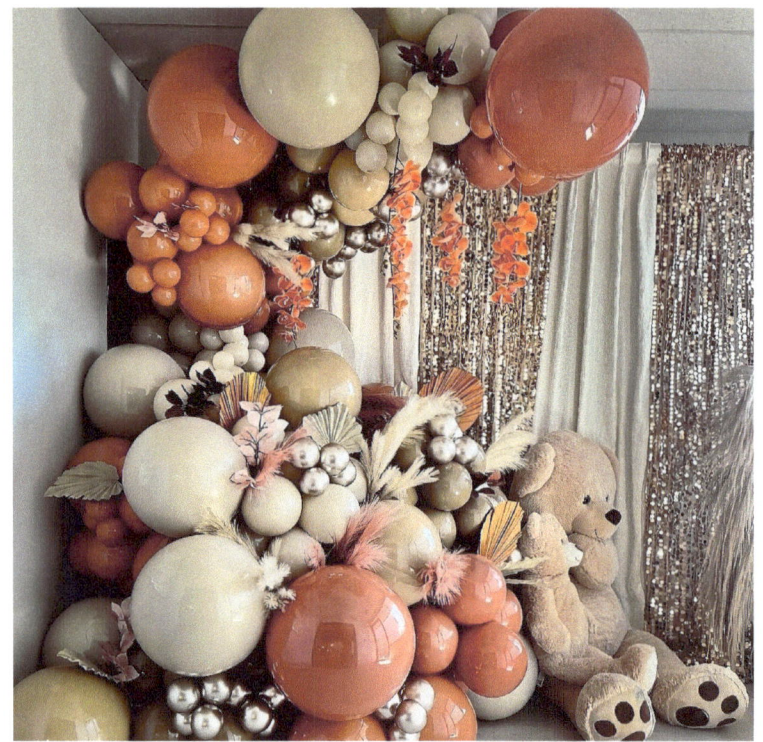

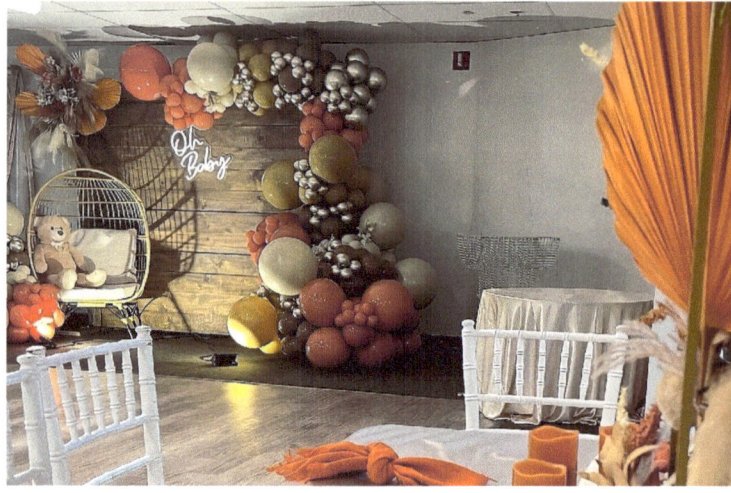

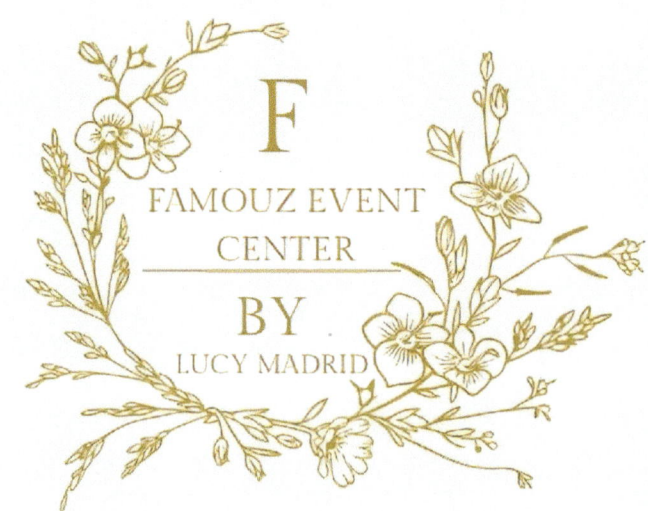

FAMOUZ EVENT CENTER BY LUCY MADRID

Facebook /FamouzEventCenter

¡HAGAMOS TUS EVENTOS ESPECIALES INOLVIDABLES!

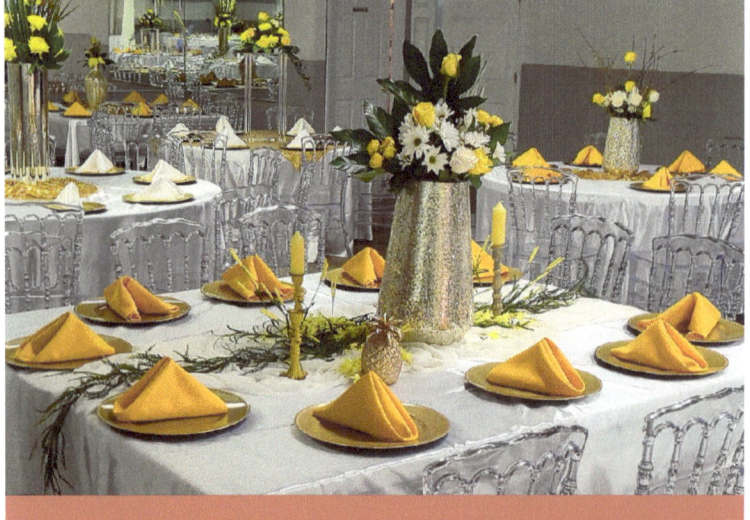

¿Tienes algo que celebrar?

Hacemos que cada momento sea extraordinario.

Ya sea una boda, un aniversario, una fiesta de cumpleaños, una conferencia o cualquier ocasión especial, nuestro salón es el lienzo perfecto para dar vida a tus sueños y celebrar con estilo.

No pierdas la oportunidad de hacer que tu ocasión especial brille con luz propia.

LLÁMANOS
720-618-3607

1401 S Sheridan Blvd Lakewood, Colorado, Estados Unidos 80232

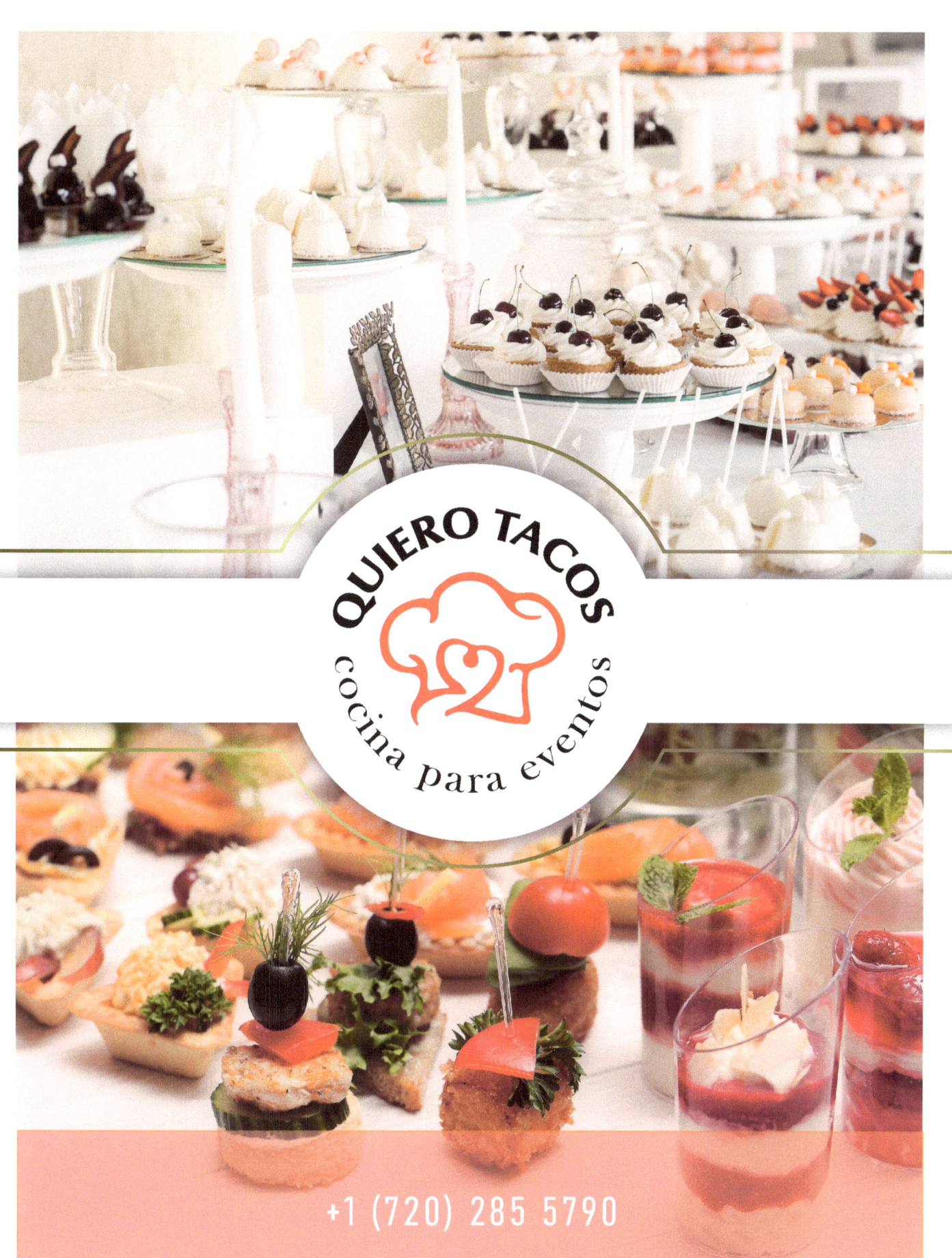

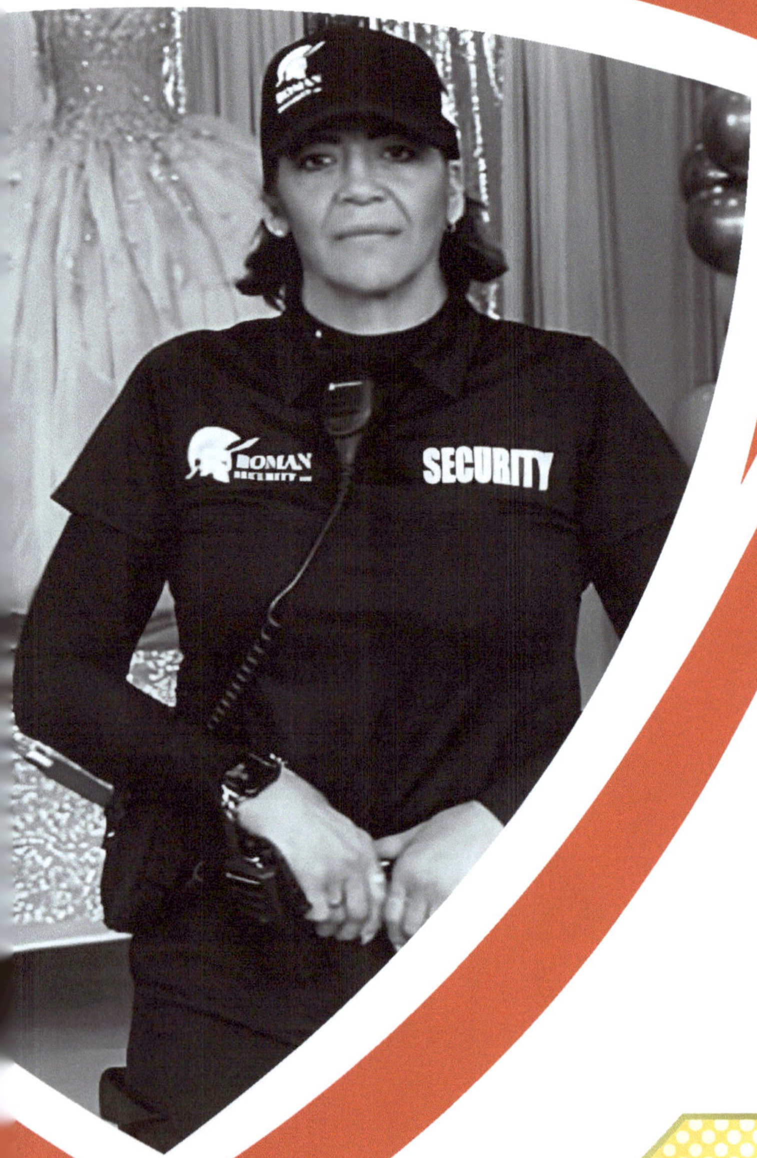

1. Guardias de Seguridad
2. Guardaespaldas
3. Acompañamiento de seguridad
4. Asesorías y Capacitación

Contáctanos

720 298 2867
/romanseguridad

service@romansecurityusa.com
www.romansecurityusa.com

235 E 51st AVE DENVER COLORADO, CO 80216, EE. UU.

ROMAN SECURITY LLC

Comidas Saludables

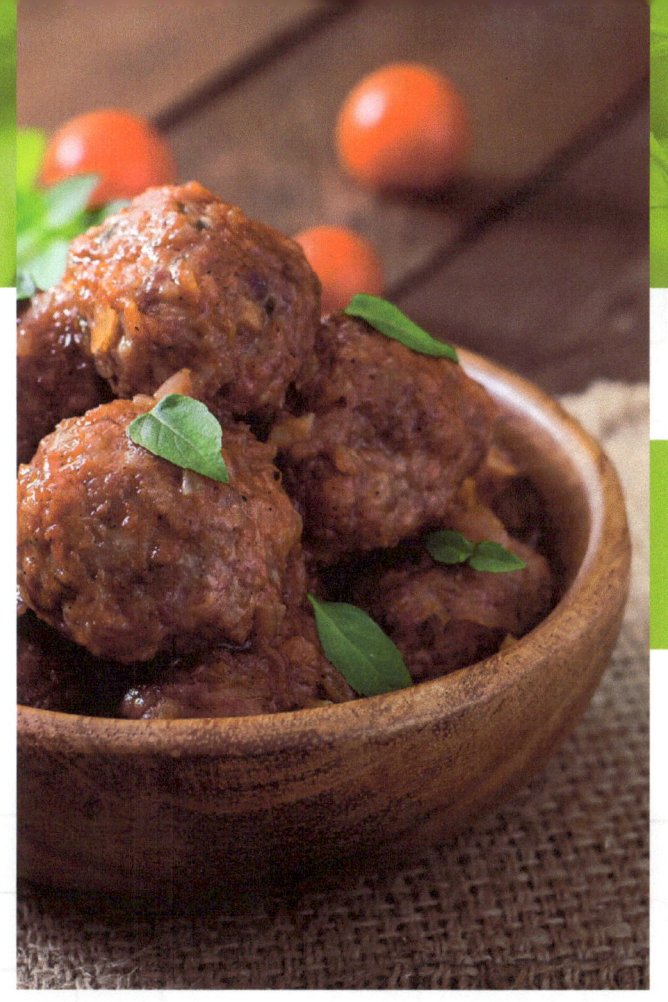

ALBÓNDIGAS DE BERENJENA CON TOMATE

INGREDIENTES

600 gramos de berenjenas
1 cebolla
2 calabacines
1 huevo
40 gramos de harina de avena
40 gramos de pan rallado
300 gramos de salsa de tomate
Albahaca fresca
1 hoja de laurel
Aceite de oliva
Pimienta y sal

Imagina un plato lleno de color y sabor que te transporta a la delicia con cada bocado. Las Albóndigas de Berenjena con Tomate son la combinación perfecta entre lo saludable y lo exquisito. Sigue estos pasos para llevar tu cocina a otro nivel

MODO DE PREPARACIÓN

Empieza con el paso uno, donde las berenjenas se sumergen en un baño de sal y agua, eliminando todo su amargor para dejar solo su delicioso sabor.

Paso dos: la cebolla y las berenjenas se unen en un ballet de sabores al ser salteadas con maestría, creando una base aromática irresistible.

Paso tres: La magia continúa donde la masa se transforma con la adición de huevo, harina de avena y pan rallado, creando unas albóndigas suaves y llenas de textura.

Paso cuatro: los calabacines se convierten en espaguetis, listos para recibir a las albóndigas con su frescura y delicadeza.

Paso cinco: es el momento de cocinar los espaguetis, que se sumergen en agua hirviendo, absorbiendo todos los sabores del laurel y la sal.

Paso seis: finalmente, las albóndigas se doran en el horno, liberando su aroma tentador, mientras que en el paso siete, se sirven sobre una cama de espaguetis de calabacín, bañadas en una salsa de tomate caliente y adornadas con hojas de albahaca fresca.

El resultado: un festín para los sentidos que deleitará a todos tus comensales. ¡No esperes más para probar esta deliciosa receta!

y listo. A disfrutar.

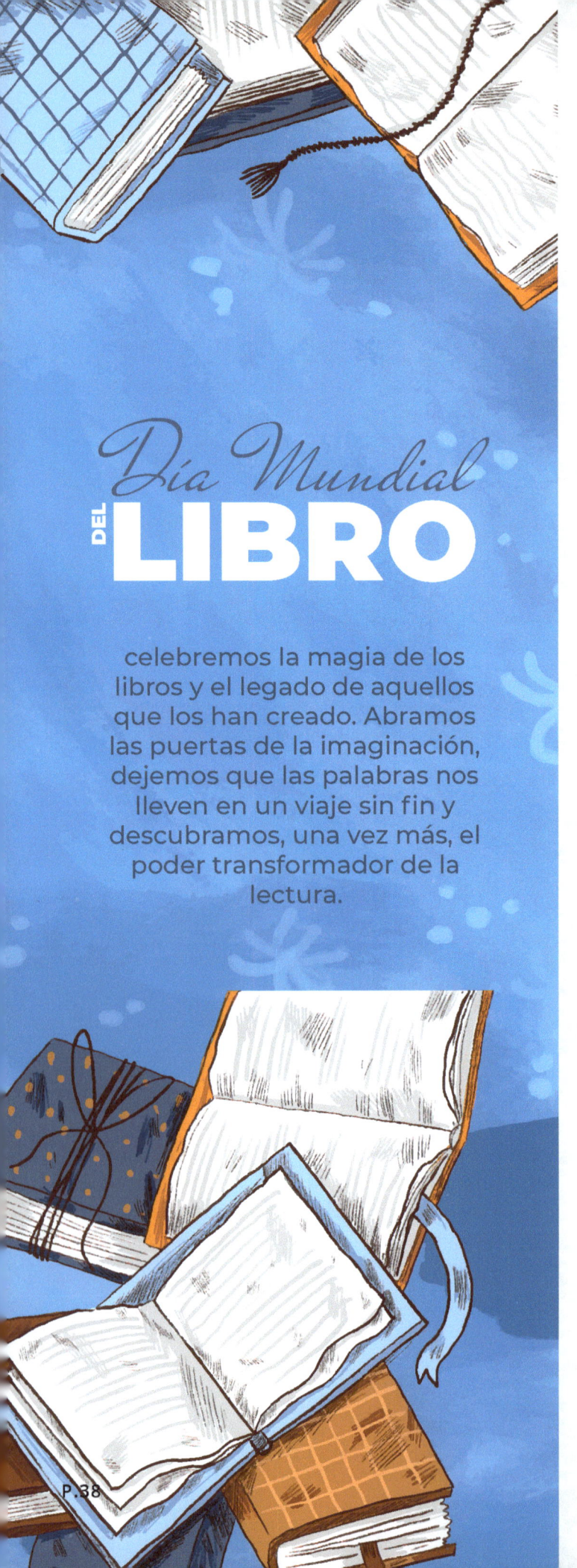

Día Mundial
DEL LIBRO

celebremos la magia de los libros y el legado de aquellos que los han creado. Abramos las puertas de la imaginación, dejemos que las palabras nos lleven en un viaje sin fin y descubramos, una vez más, el poder transformador de la lectura.

En un rincón escondido del universo, donde las estrellas bailan al compás de las palabras y los sueños se tejen entre las páginas de libros encantados, existe un día mágico que celebra la maravilla de la lectura y los derechos de autor.

El Día Mundial del Libro y de los Derechos de Autor, un festival de luz y fantasía, esculpe en el calendario una jornada para rendir homenaje a los titanes de la literatura que han marcado el sendero de la humanidad con su ingenio y creatividad. Desde el brillante Miguel de Cervantes hasta el encantador William Shakespeare, estos luminosos guardianes de la palabra nos invitan a sumergirnos en un océano de historias y conocimiento.

Bajo el hechizo de la UNESCO, este día de ensueño se enlaza con el natalicio o partida de aquellos genios que iluminaron el camino con sus plumas doradas. Con la ayuda de la Unión Internacional de Editores, este festival de la imaginación se convierte en un viaje hacia mundos desconocidos, donde la propiedad intelectual se erige como un tesoro precioso que protege el legado de los artesanos de la palabra.

Los libros, esas puertas hacia el infinito, son más que simples objetos; son amuletos que despiertan la sabiduría dormida, las chispas de la creatividad y la magia de la imaginación. Desde las páginas iluminadas de un cuento infantil hasta los tratados que exploran los confines del cosmos, cada libro es un portal hacia la aventura y el descubrimiento.

Con cada palabra, los derechos de autor tejen un tapiz de respeto y reconocimiento hacia aquellos que han dedicado su vida a dar vida a las letras. En esta danza de la mente y el corazón, los libros se convierten en faros de conocimiento, guías que nos conducen por los laberintos del pensamiento y nos muestran la diversidad y belleza del mundo que nos rodea.

En ese inspirador momento donde las palabras bailan al compás del viento y las historias se entrelazan como hilos mágicos, se alzan los libros más leídos del mundo, tesoros que despiertan la imaginación y encienden la llama del conocimiento.

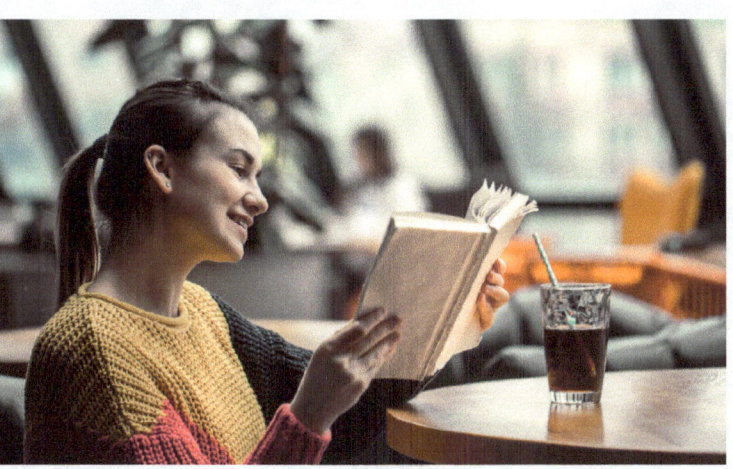

Entre las páginas de estos antiguos pergaminos, encontramos los relatos sagrados de la Biblia, un faro espiritual que ha dejado su huella en la humanidad, iluminando el sendero de innumerables generaciones. Sus palabras y mesajes ha trazado el camino de acción de grandez personalidades a través de la historia dejando clara su gran influencia desde su creación hasta la fecha.

En los campos de batalla de la antigua Grecia, la Iliada de Homero cuenta las hazañas de héroes y dioses, tejiendo un tapiz de valor y tragedia que resuena a lo largo de los siglos. Es un canto a la gloria y la lucha, un eco de épocas olvidadas que vive en el corazón del tiempo.

En los escenarios del Renacimiento, las obras inmortales de William Shakespeare cobran vida, transportando al espectador a mundos de pasión y tragedia. Sus versos son como fuegos artificiales en la noche, iluminando el alma con su brillantez y belleza.

En las llanuras de La Mancha, el Quijote de Miguel de Cervantes cabalga en su eterna búsqueda de aventuras, desafiando molinos de viento y dragones imaginarios con su espada de justicia. Es un símbolo de valentía y locura, un sueño que perdura en el corazón de aquellos que se atreven a soñar.

En los pasillos de Hogwarts, Harry Potter desafía las leyes de la magia y la oscuridad, enfrentándose al mal con coraje y determinación. Es un héroe para las generaciones futuras, un faro de esperanza en tiempos de tinieblas.

En el ático de Ámsterdam, el Diario de Ana Frank susurra las esperanzas y miedos de una niña atrapada en la tormenta del Holocausto. Es un testimonio de la resistencia humana, una luz en la oscuridad de la historia.

En las selvas de Macondo, Cien Años de Soledad teje una red de sueños y realidades, explorando los laberintos del tiempo y la memoria. Es un viaje mágico a través de la imaginación, un mundo donde los sueños se hacen realidad.

Estas son solo algunas de las maravillas que aguardan entre las páginas de los libros más leídos del mundo, tesoros que nos invitan a explorar los rincones más oscuros y luminosos del alma humana.

En este Día Mundial del Libro y los Derechos de Autor, te invitamos a sumergirte en el misterio y la maravilla de la lectura, a explorar nuevos mundos y descubrir los secretos que aguardan en las páginas de los libros.

¡Que la magia de la literatura te acompañe en este viaje sin fin!

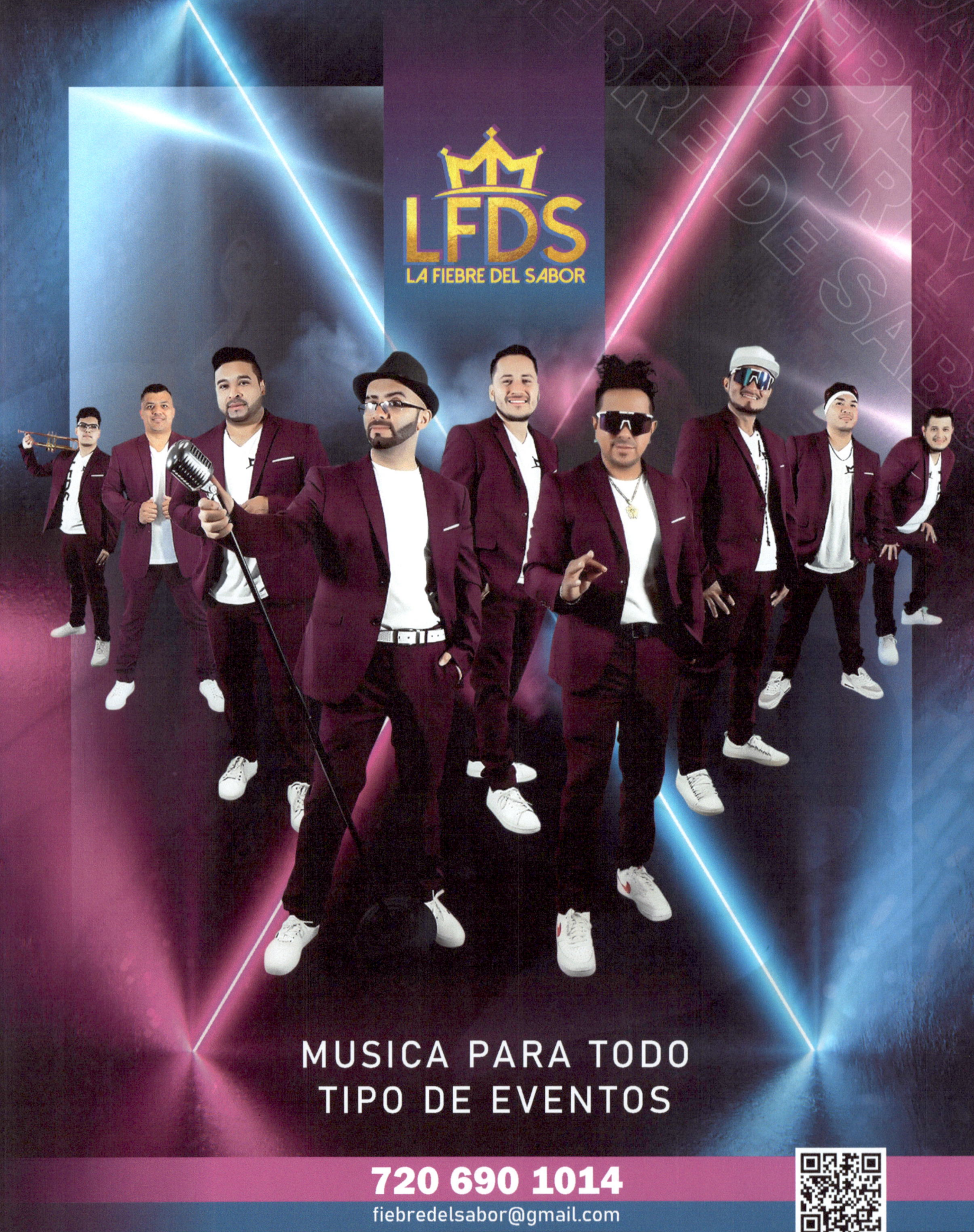

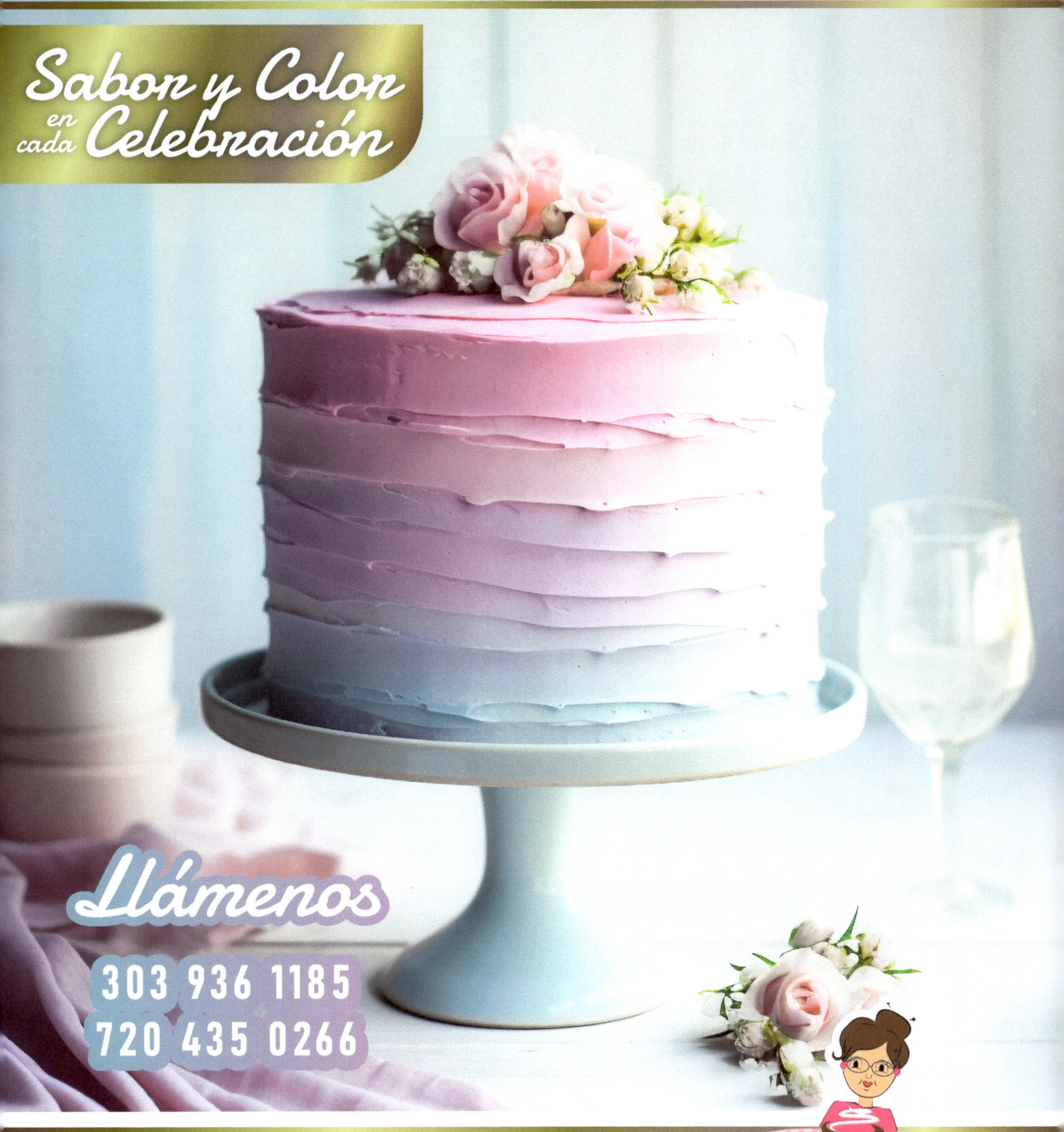

Sabor y Color en cada Celebración

Llámenos
303 936 1185
720 435 0266

3137 W Alameda Ave Denver - CO, 80219

 Denisse pasteles & party supplies

 Denisse pasteles

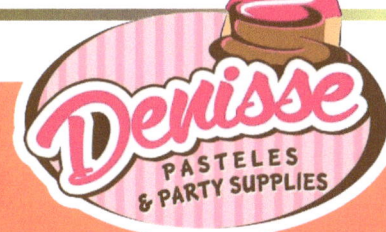

Denisse Pasteles & Party Supplies

FELIZ DÍA DEL NIÑO

proteger y promover los derechos de los más pequeños en nuestra sociedad.

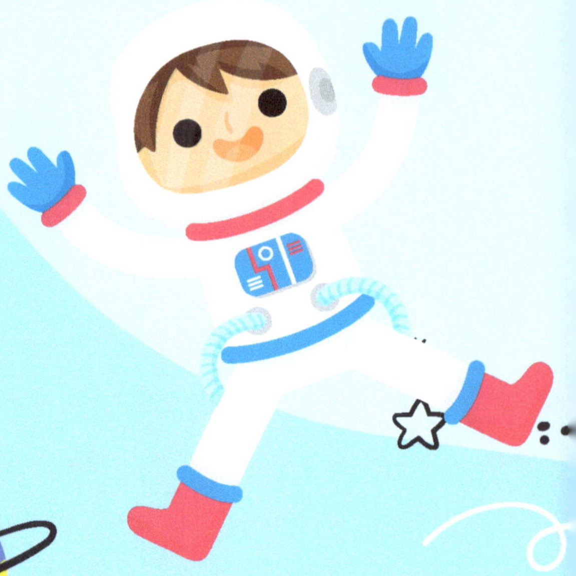

El Día del Niño, una fecha llena de significado y propósito en pro de los más pequeños en nuestra sociedad. Aunque su origen se remonte a tiempos de guerra, su mensaje de fraternidad y comprensión resuena hoy más que nunca en nuestros corazones.

En medio de los estragos de la Primera Guerra Mundial, los niños y niñas fueron testigos silenciosos de la violencia y el sufrimiento que azotaba a sus comunidades. Sus risas se vieron opacadas por el estruendo de las bombas, y sus juegos se vieron interrumpidos por el miedo y la incertidumbre. Fue entonces cuando el mundo se detuvo a reflexionar sobre el verdadero valor de la infancia y la necesidad urgente de protegerla.

Desde entonces, el Día del Niño se ha convertido en un faro de esperanza, recordándonos la importancia de salvaguardar el derecho de cada niño y niña a una infancia segura, feliz y llena de oportunidades.

Es un llamado a la acción, una oportunidad para unirnos en solidaridad y trabajar juntos en la construcción de un mundo donde los niños puedan crecer y desarrollarse plenamente, sin temor ni privaciones.

Cada gesto de amor y apoyo hacia los niños es un paso hacia adelante en la lucha por un futuro mejor. Ya sea a través de la educación, la atención médica, o simplemente brindando un espacio seguro y afectuoso para crecer, todos podemos contribuir a hacer del mundo un lugar más justo y acogedor para los más pequeños.

En este Día del Niño, celebremos no solo con regalos y sonrisas, sino también con un compromiso renovado de proteger y promover los derechos de todos los niños y niñas, dondequiera que se encuentren. Que su libertad sea nuestra mayor inspiración, y que su felicidad sea nuestro más noble propósito.

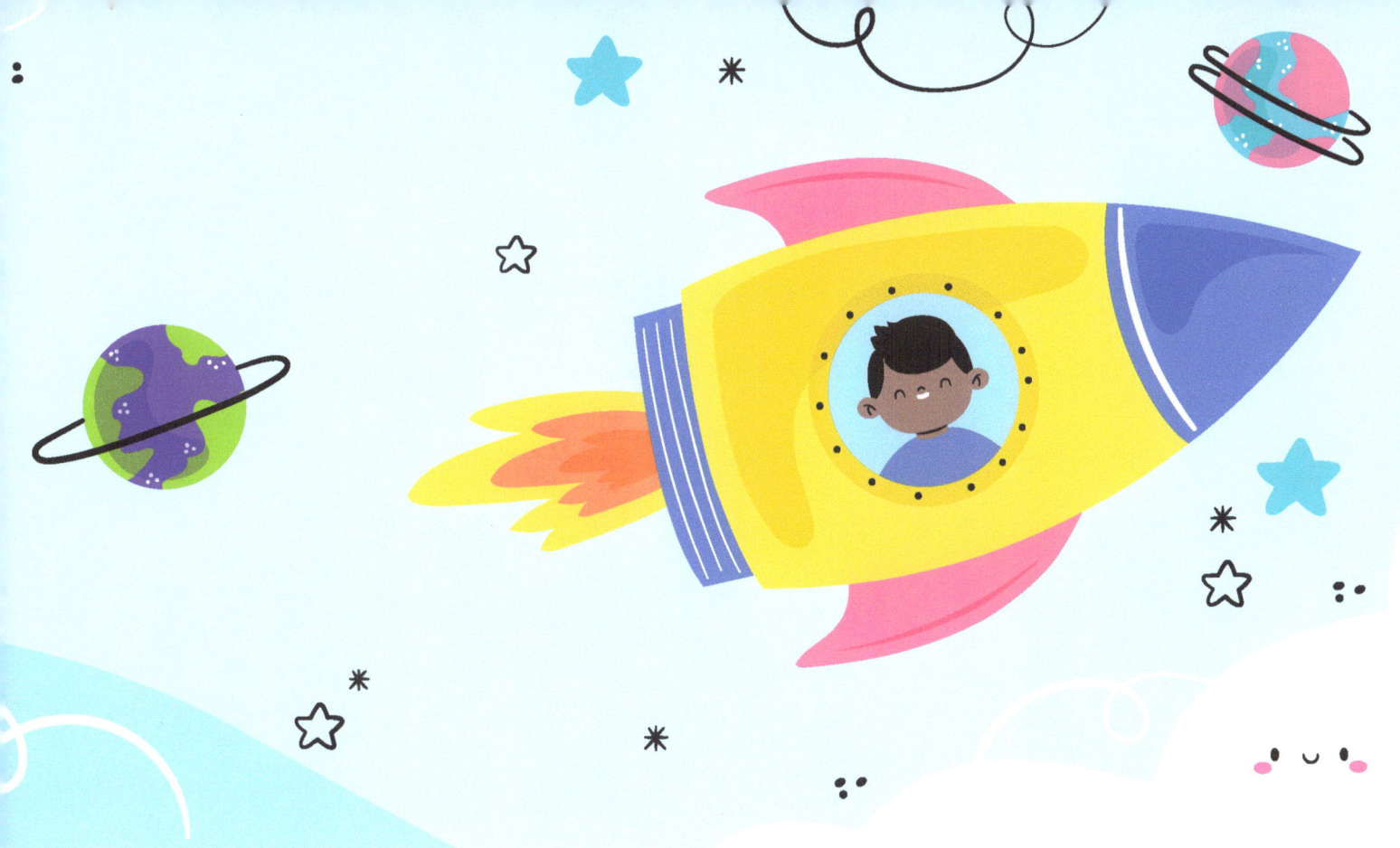

El Día del Niño es una festividad llena de diversidad y color, marcada por una variedad de fechas y tradiciones que reflejan la riqueza cultural de cada país.

En muchos lugares del mundo, como Nicaragua, Polonia, Rumanía, Rusia y Armenia, el 1 de junio es el día elegido para celebrar a los más pequeños. Es un momento de alegría y fiesta, donde los niños son el centro de atención y se les honra con actividades especiales y muestras de cariño.

Alemania, por su parte, tiene dos fechas para celebrar el Día del Niño: el 20 de septiembre y el 1 de junio. Esta dualidad refleja la diversidad de la historia y las influencias culturales que han moldeado al país a lo largo del tiempo.

En Japón, el "kodomo no hi" o Día del Niño se unificó recientemente el 5 de mayo, antes dividido entre el Día del Niño Varón y el Día de la Niña. Es una ocasión para celebrar la infancia en su conjunto, promoviendo la igualdad de género y el amor por los más pequeños.

México celebra el Día del Niño el 30 de abril, con actividades divertidas y recreativas para los niños y niñas de todas las edades. Es una oportunidad para honrar su inocencia y su vitalidad, así como para reflexionar sobre la importancia de proteger sus derechos y su bienestar.

En España, las diferencias en las fechas también reflejan la diversidad cultural del país. Mientras que en la Comunidad de Madrid se celebra el segundo domingo de mayo, en el resto del país se festeja el 15 de abril, siendo ambas ocasiones para reconocer la importancia de la infancia y promover su felicidad y seguridad.

Finalmente, en Colombia, el último sábado de abril es un día muy especial para los niños, lleno de juegos, exploración y diversión en familia. Es una oportunidad para recordar que cada niño merece ser protegido y amado, y para renovar nuestro compromiso de construir un mundo donde todos los niños puedan crecer felices y seguros.

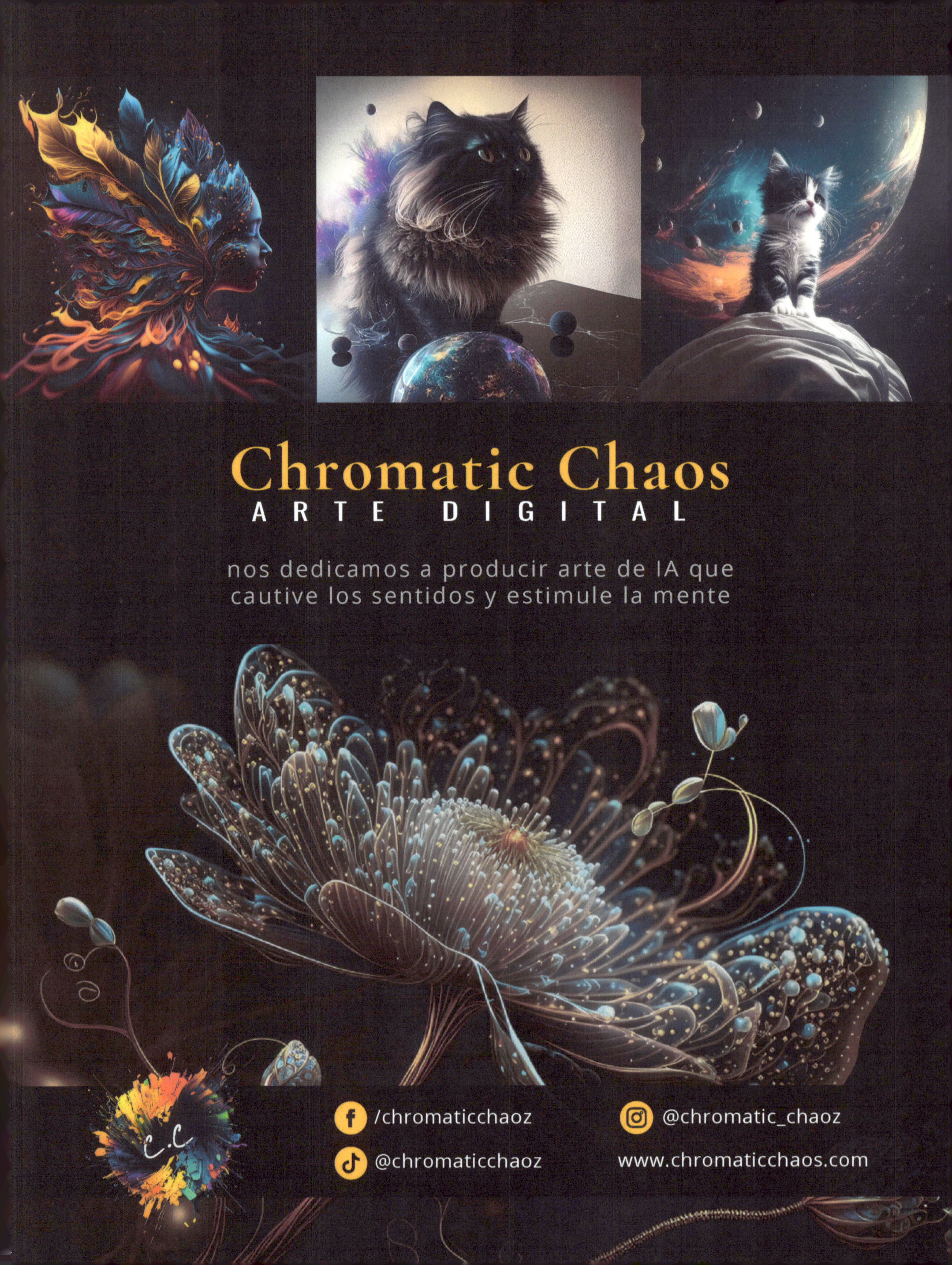

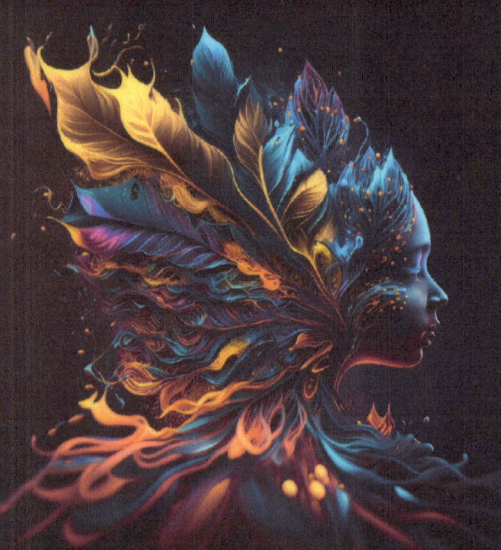
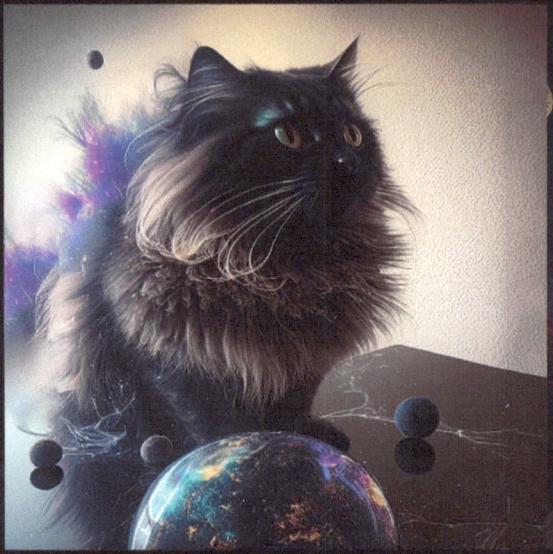
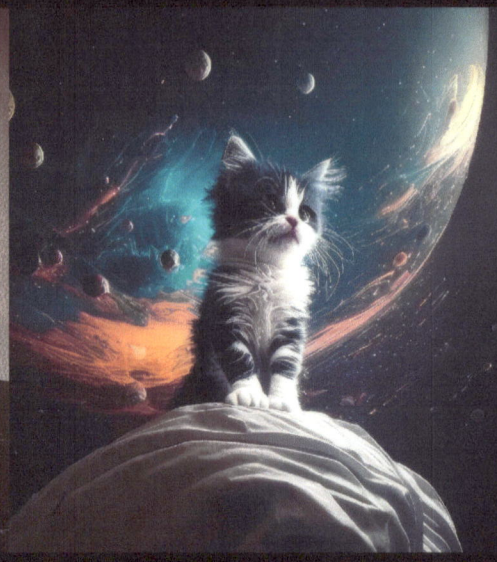

Chromatic Chaos
ARTE DIGITAL

nos dedicamos a producir arte de IA que cautive los sentidos y estimule la mente

 /chromaticchaoz

 @chromaticchaoz

 @chromatic_chaoz

www.chromaticchaos.com

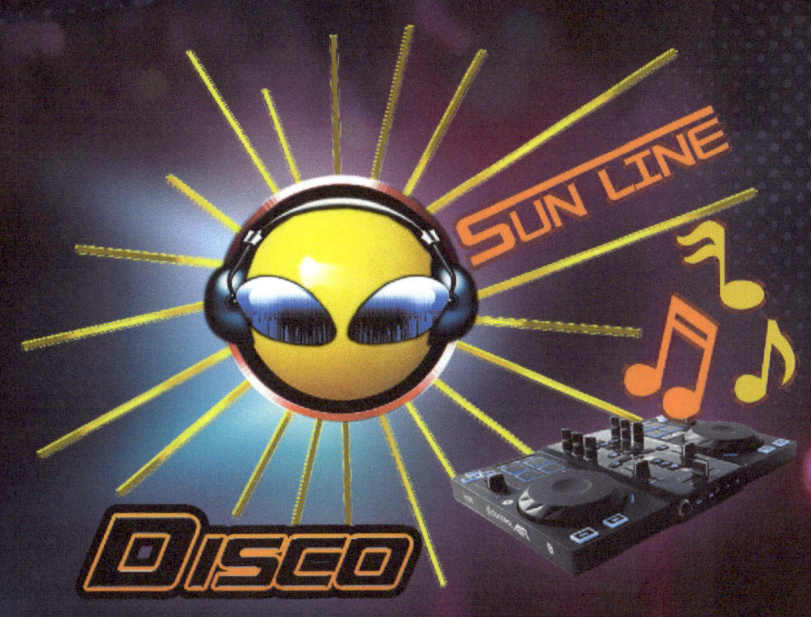

MUEVE TUS FIESTAS, DONDE SEA QUE ESTÉS. Solo la MEJOR MÚSICA

GRAN AMBIENTE
y el mejor equipo de luces y sonido.

Sunline Discomovil

@SunlineDj

DJ Manuel López
303 304 2587
sunlinedisco@gmail.com

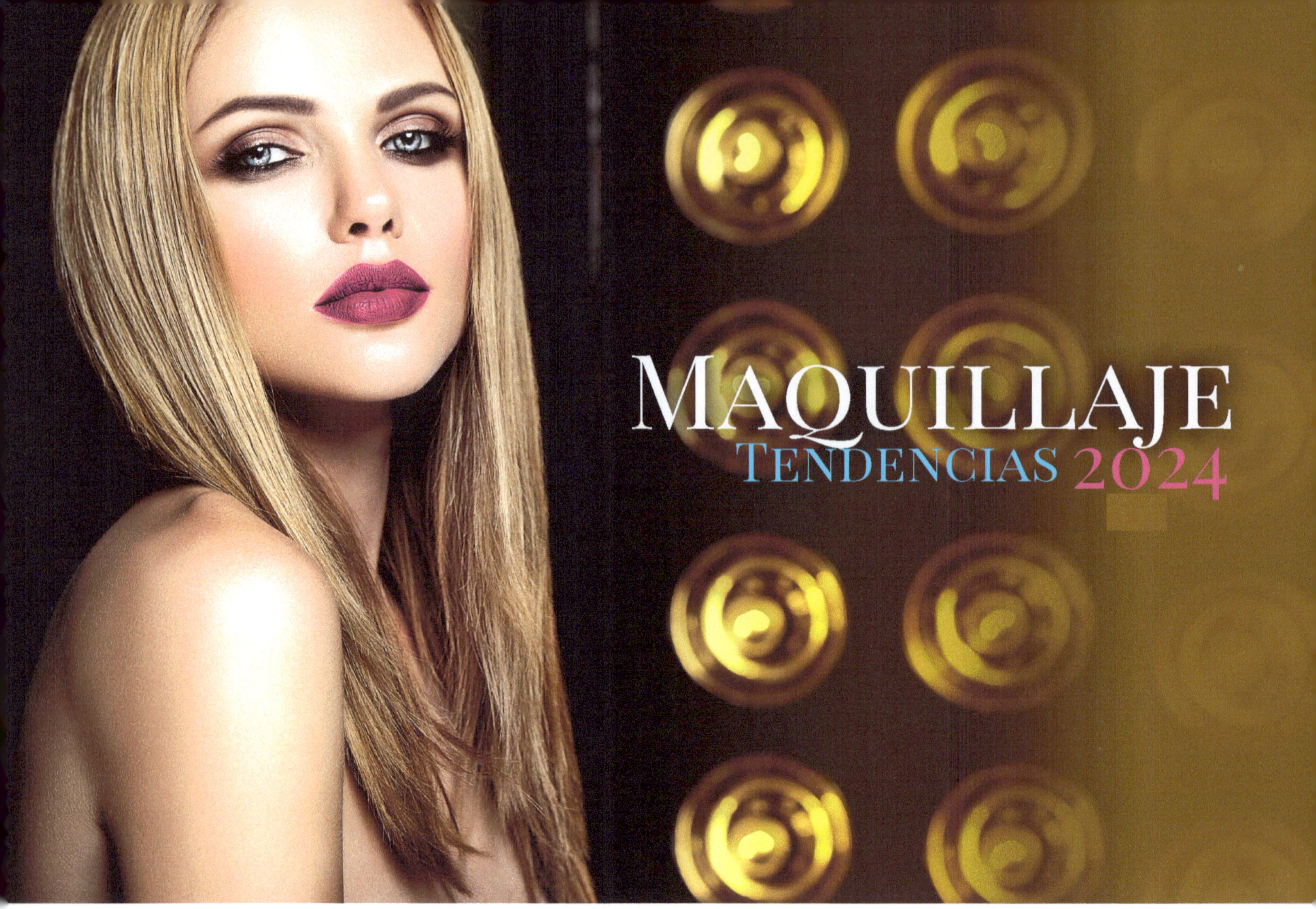

Maquillaje
Tendencias 2024

Las tendencias de maquillaje para el 2024 te invitan a explorar un mundo de elegancia y autenticidad, donde cada estilo cuenta su propia historia de belleza. Desde el encanto del espresso make up hasta la audacia del rubor alto, el maquillaje se convierte en una expresión de tu individualidad.

Déjame guiarte a través de dos looks deslumbrantes creados por la talentosa maquilladora Bettina Frúmboli, quien nos sumerge en las nuevas tendencias con una variedad de colores, brillos, sombras y delineados.

El primer look te sumerge en la tendencia del rubor, pero con un giro renovado. Desde los tonos corales hasta los borravinos, el rubor se convierte en el protagonista, aplicado de manera audaz hasta la línea de la ceja para lograr un efecto de piel radiante y saludable. Con texturas que van desde líquidos hasta polvos, cada marca ha lanzado su propia versión para que puedas encontrar la que mejor se adapte a ti.

En el segundo look, nos sumergimos en el brillo de los ojos, con sombras en pasta, crema o polvo que añaden un toque de glamour al párpado. Acompañado de un delineado impactante, este maquillaje te hará brillar con luz propia. El rubor, en tonos rosados más intensos y fríos, se combina a la perfección con una boca mate en un tono versátil que complementa el look.

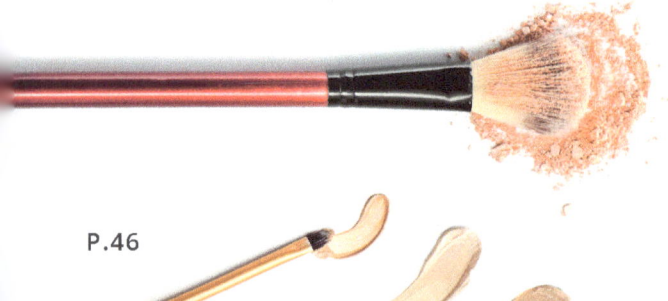

¡Prepárate para brillar con las tendencias de maquillaje del 2024! Este año trae consigo una explosión de creatividad y estilo que te invita a explorar nuevas facetas de tu belleza. Desde los ojos luminosos con sombras metálicas hasta el empoderamiento del contorno labial, cada tendencia promete realzar tu belleza única.

Imagina unos ojos resplandecientes con sombras metálicas en tonos vibrantes, que añaden un toque de glamour a tu mirada con un solo tono en el párpado. Combínalo con varias capas de máscara de pestañas para un look chic y fácil de llevar que te hará brillar en cualquier ocasión.

¿qué tal una piel bronceada y radiante? Olvídate del bronceado tradicional y opta por una barra de bronceado en crema para un resplandor natural en los puntos altos de tu rostro. ¡Elige la salud de tu piel y luce un bronceado sin igual!

No podemos dejar de lado el contorno labial empoderado, que recupera la tendencia de los años 90 con un toque moderno. Utiliza delineador de ojos de larga duración en tono marrón para definir tus labios y lograr un contorno clásico que realce tu belleza natural.

Para un acabado luminoso y fresco, ¡apuesta por la estructura glowy! Deja atrás el acabado mate y da la bienvenida a una piel radiante con bases luminosas, rubores en crema y labios satinados. Conviértete en el centro de atención con un aspecto natural y luminoso que deslumbra a todos a tu alrededor.

Y por supuesto, no podemos olvidar el encanto del espresso makeup, una tendencia chic y versátil que eleva tu look con tonos bronceados y marrones claros. ¡Da un paso adelante del clásico smokey eyes y deslumbra con una armonía elegante!

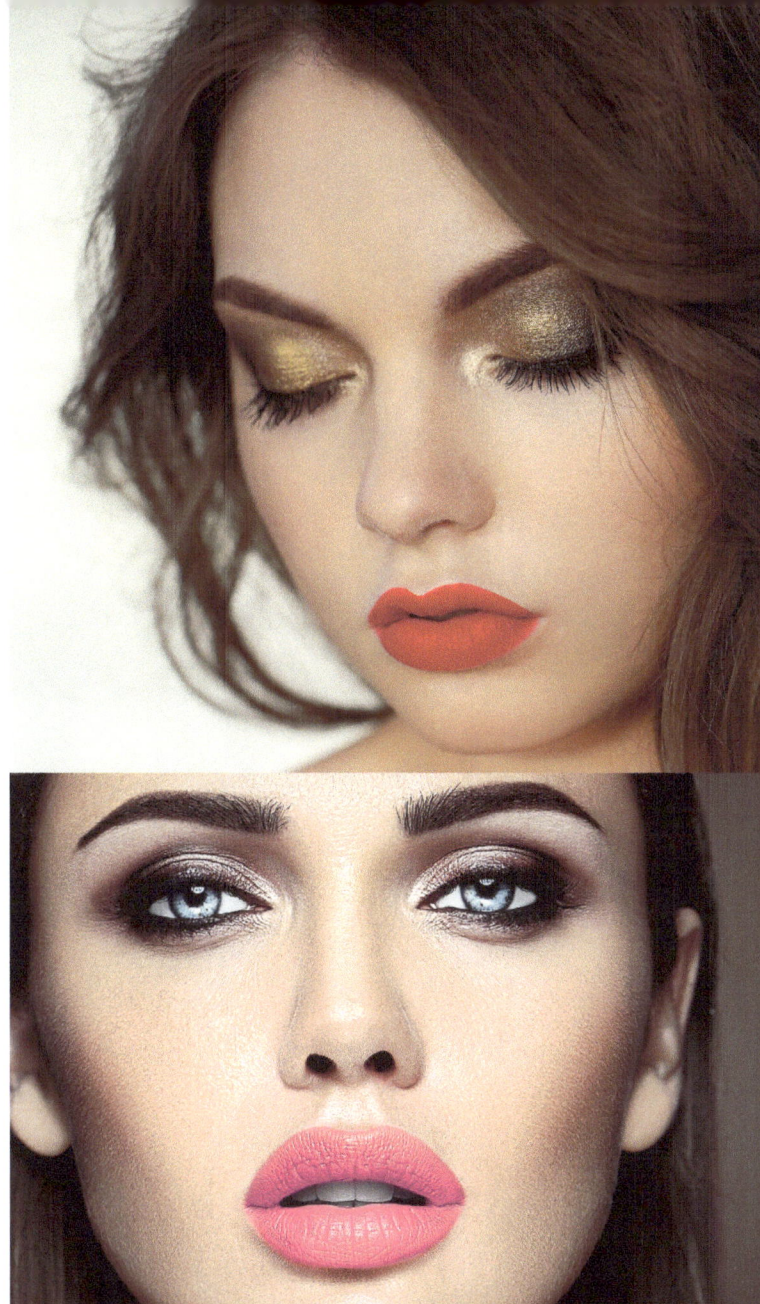

Recuerda, la intensidad del rubor es clave para que perdure a lo largo del día, así que no temas aplicar una buena cantidad. Y ten en cuenta que su efecto puede variar según la ocasión, desde looks naturales para el día hasta maquillajes más destacados para la noche o eventos especiales.

Así que actualiza tu colección de maquillaje para el 2024 y deja que estas tendencias realcen tu belleza única. ¡Prepárate para brillar con estilo y confianza en cada paso que des!

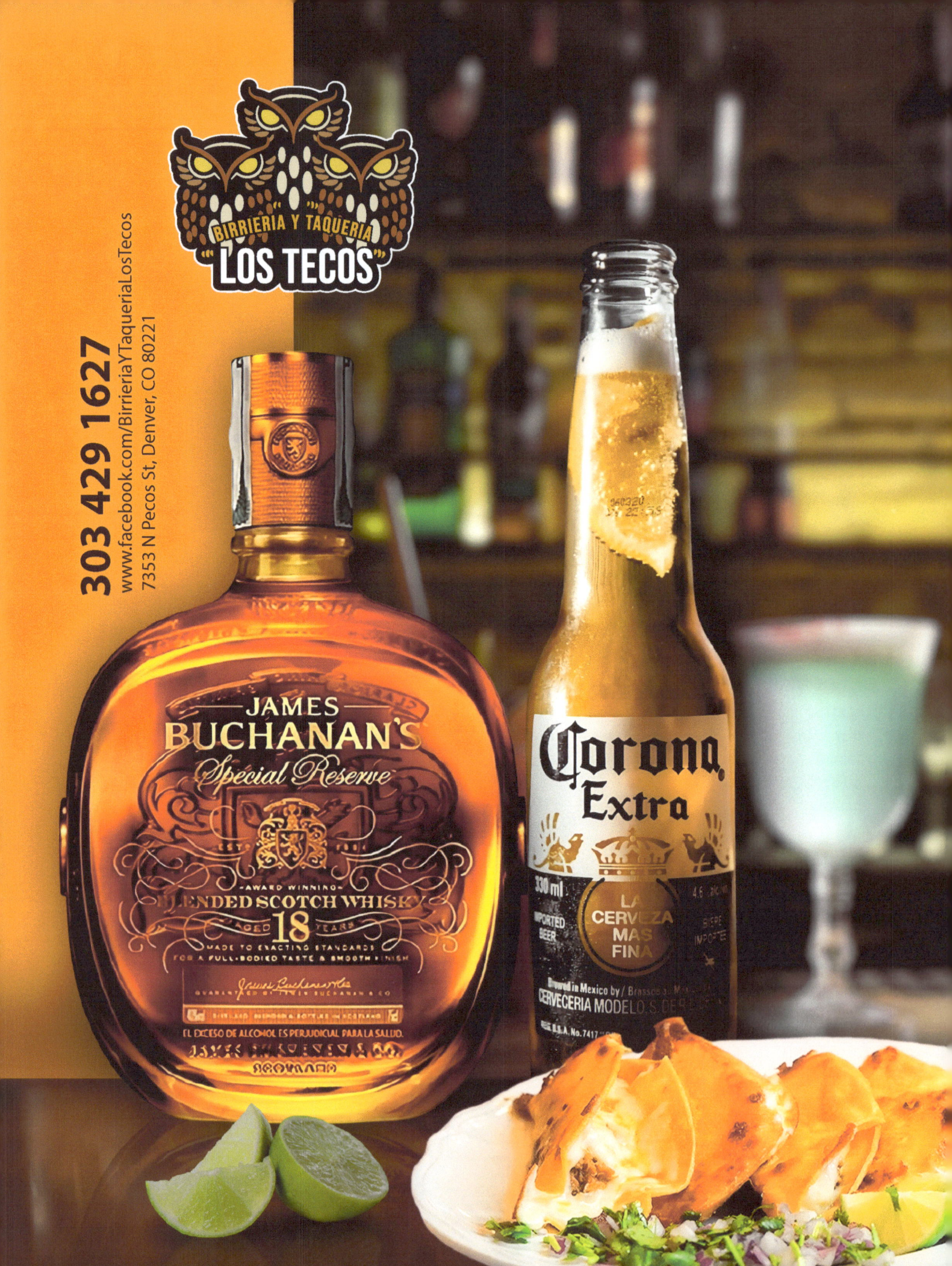

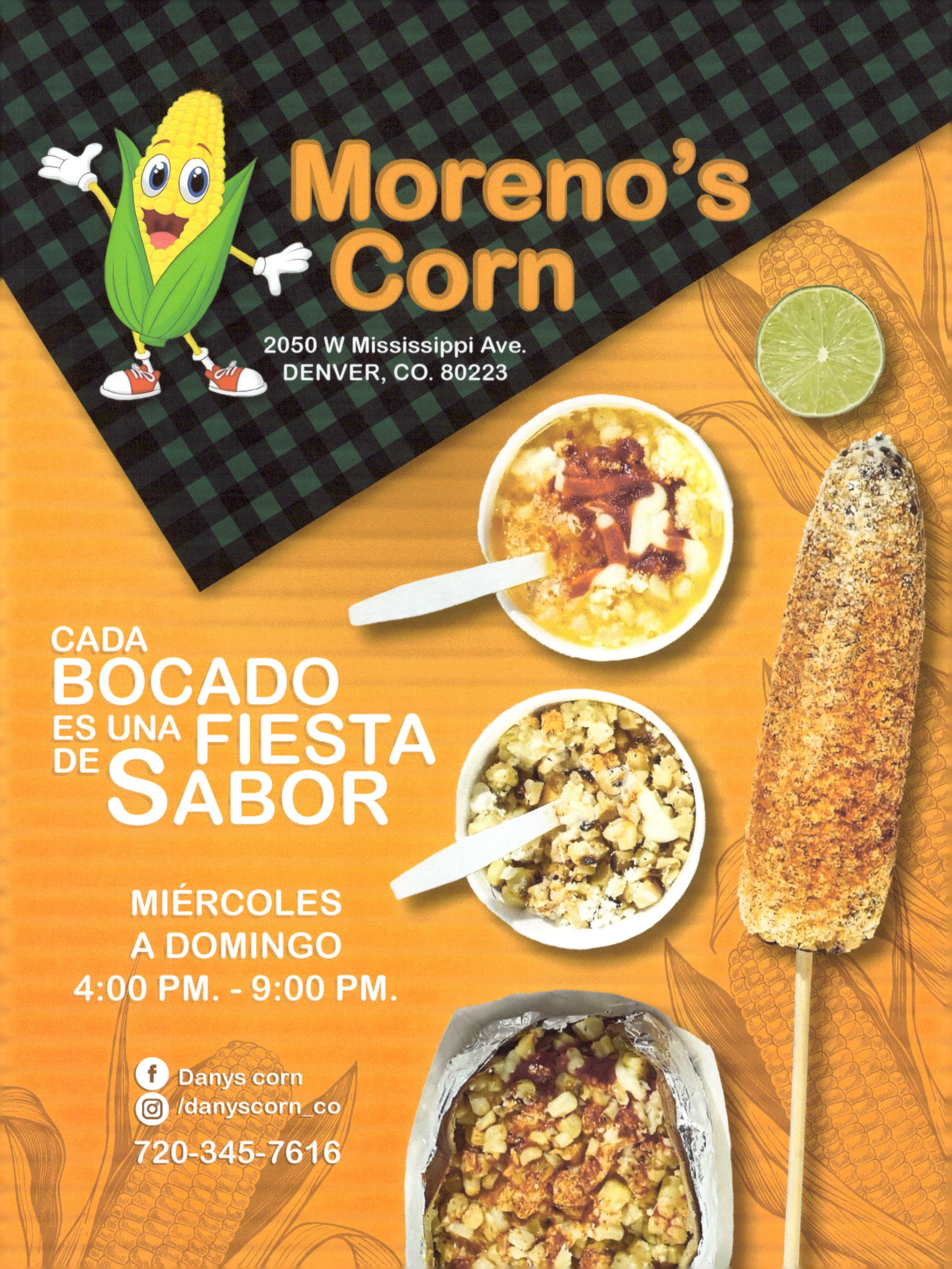

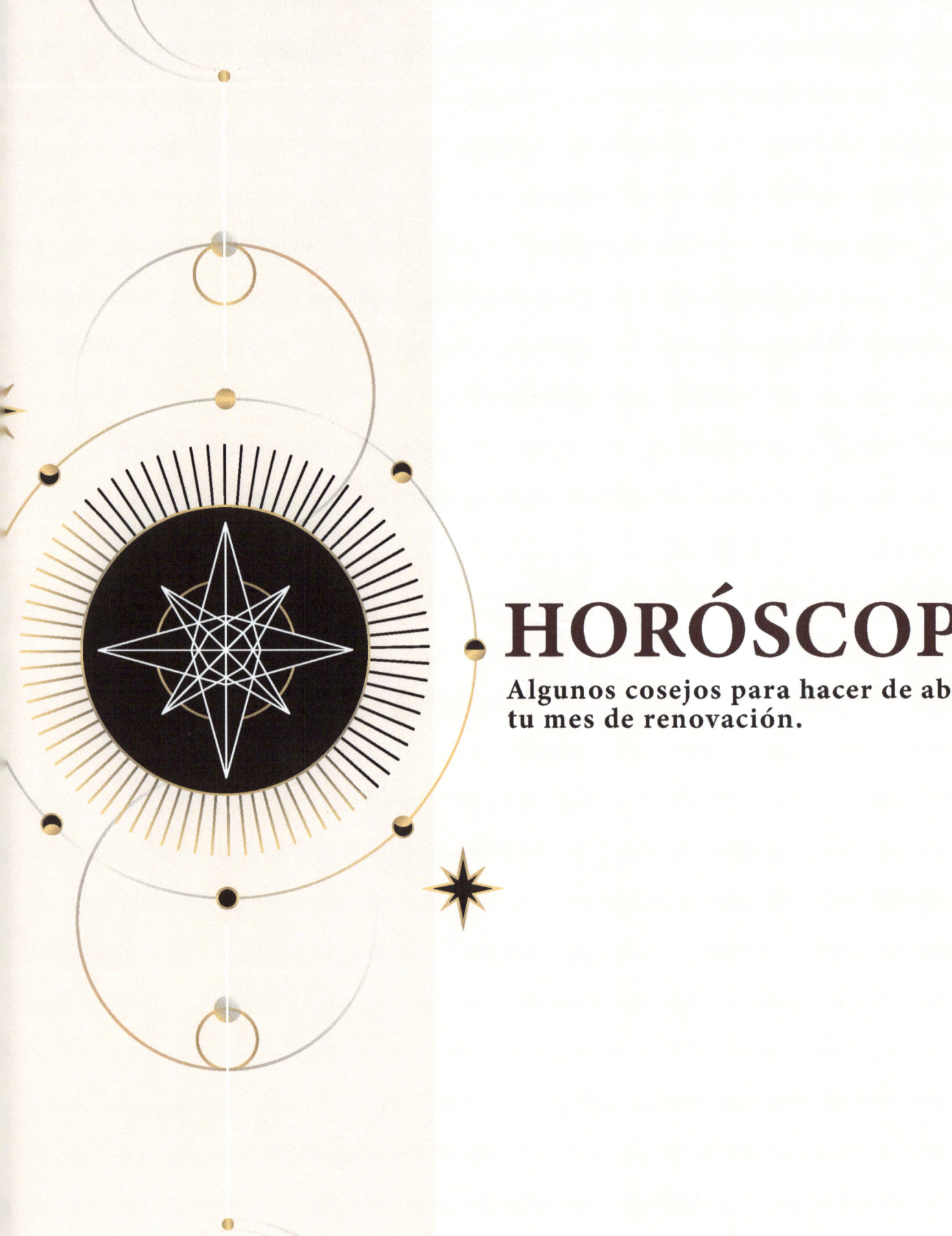

HORÓSCOPO
Algunos cosejos para hacer de abril tu mes de renovación.

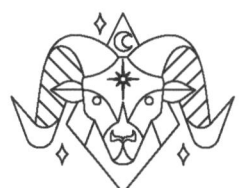

Aries
21 de marzo al 19 de abril

¡El intrépido guerrero del zodíaco!

Abril será un mes de acción para ti, Aries. Es un momento ideal para iniciar nuevos proyectos y perseguir tus metas con determinación. Mantén tu enfoque y tu entusiasmo, y estarás listo para conquistar cualquier desafío que se presente.

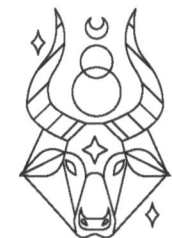

Tauro
20 de abril y al 20 de mayo

¡La esencia misma de la serenidad y la abundancia!

Este mes, Tauro, es importante que te concentres en cultivar la estabilidad en tu vida. Dedica tiempo a tus relaciones y a tu bienestar personal. No tengas miedo de buscar ayuda si la necesitas, ya que el apoyo de los demás será fundamental para tu éxito.

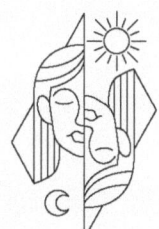

Géminis
21 de mayo al 20 de junio

¡El alma inquieta y versátil del zodíaco!

Abril será un mes de comunicación para ti, Géminis. Es un momento favorable para expresar tus ideas y compartir tus pensamientos con los demás. Mantén una mente abierta y sé receptivo a las diferentes perspectivas que se presenten.

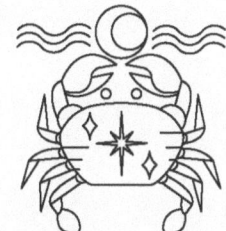

Cáncer
21 de junio al 22 de julio

¡El dulce susurro de la luna reflejado en tu alma sensible y emotiva!

Este mes, Cáncer, es importante que te enfoques en nutrir tus relaciones y cultivar la intimidad emocional. Dedica tiempo a conectar con tus seres queridos y a fortalecer los lazos que te unen a ellos.

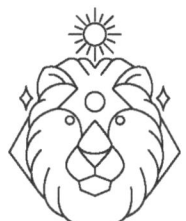

Leo
23 de julio al 22 de agosto

¡El majestuoso monarca del zodíaco!

Abril será un mes de autoexpresión para ti, Leo. Es un momento favorable para mostrar tu creatividad y brillar con todo tu esplendor. Confía en tus habilidades y no tengas miedo de destacarte.

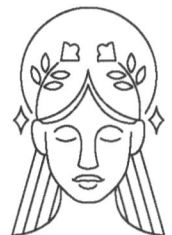

Virgo
23 de agosto al 22 de septiembre

¡El eterno perfeccionista del zodíaco!

Este mes, Virgo, es importante que te enfoques en el cuidado personal y el bienestar. Dedica tiempo a descansar y recargar energías, y no te olvides de prestar atención a tu salud física y emocional.

Libra
23 de sept. al 22 de octubre
¡La armoniosa balanza del zodíaco!

Abril será un mes de equilibrio y armonía para ti, Libra. Es un momento favorable para buscar la paz interior y cultivar relaciones saludables con los demás. Confía en tu intuición y sigue el camino que te lleve hacia la felicidad.

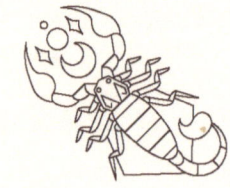

Escorpio
23 de oct. al 21 de noviembre
¡La misteriosa y seductora esencia del zodíaco!

Este mes, Escorpio, es importante que te enfoques en la transformación personal y el crecimiento espiritual. Dedica tiempo a reflexionar sobre tus metas y aspiraciones, y no tengas miedo de dejar atrás lo que ya no te sirve.

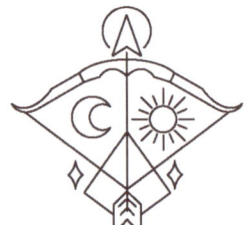

Sagitario
22 de nov. al 21 de diciembre
¡El espíritu indomable del zodíaco!

Abril será un mes de aventura y exploración para ti, Sagitario. Es un momento favorable para ampliar tus horizontes y buscar nuevas experiencias. Mantén una mente abierta y sé receptivo a lo que el universo tiene para ofrecerte.

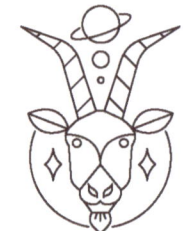

Capricornio
22 de diciembre al 19 de enero
¡La esencia misma de la perseverancia y el logro!

Este mes, Capricornio, es importante que te enfoques en el trabajo duro y la disciplina. Dedica tiempo a avanzar en tus proyectos y perseguir tus metas con determinación. Confía en tus habilidades y no te detengas ante los desafíos que se presenten.

Acuario
20 de enero al 18 de febrero
¡El visionario del zodíaco!

Abril será un mes de innovación y originalidad para ti, Acuario. Es un momento favorable para pensar fuera de la caja y buscar soluciones creativas a los problemas que enfrentas. No tengas miedo de ser diferente y seguir tu propio camino.

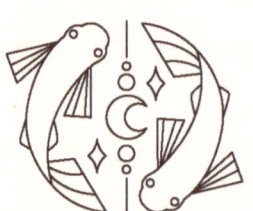

Piscis
19 de febrero al 20 de marzo
¡El soñador del zodíaco!

Este mes, Piscis, es importante que te enfoques en la intuición y la compasión. Dedica tiempo a conectarte con tu mundo interior y a ayudar a los demás en lo que puedas. Confía en tu instinto y sigue tu corazón hacia la felicidad y la realización.

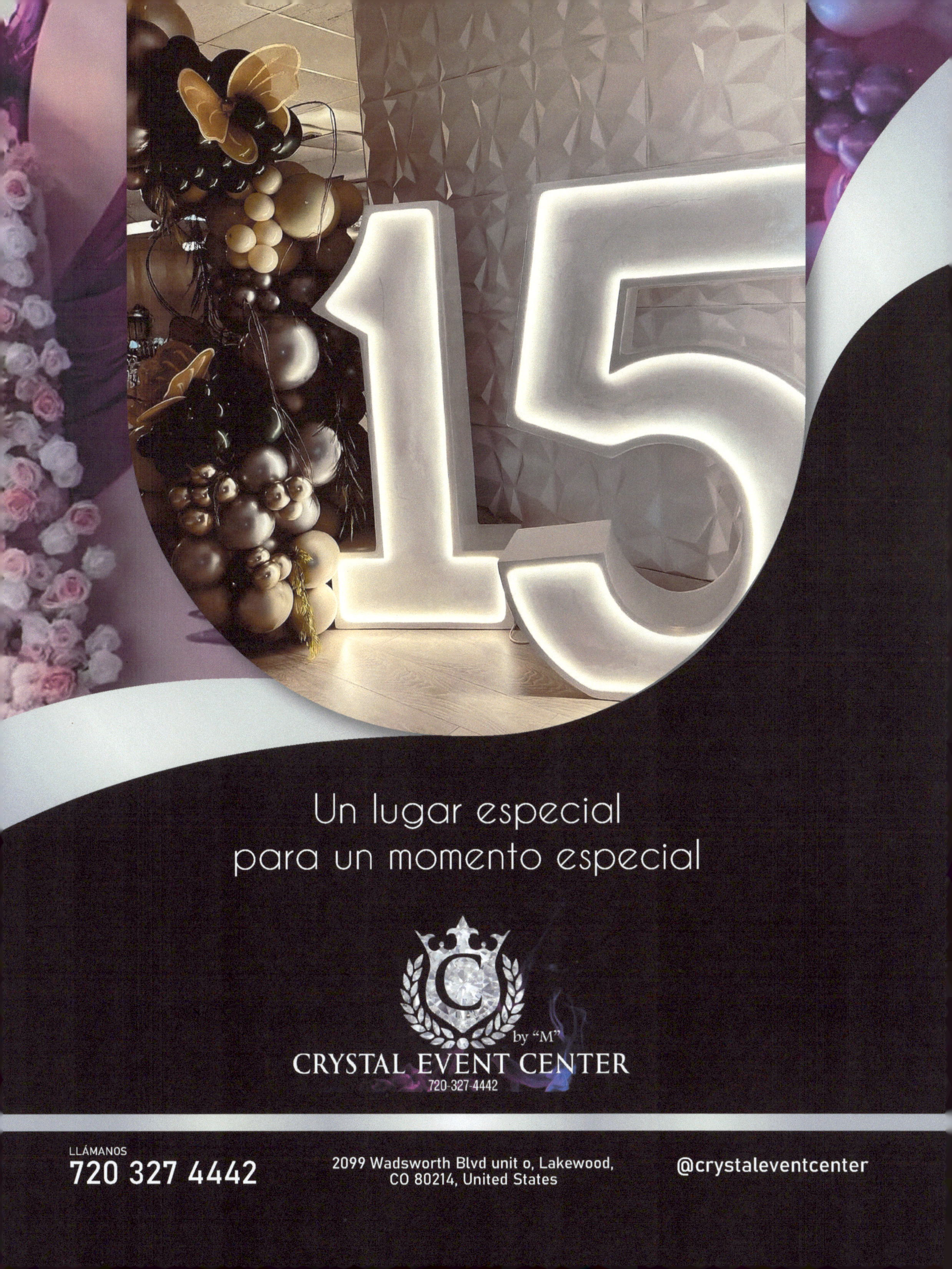

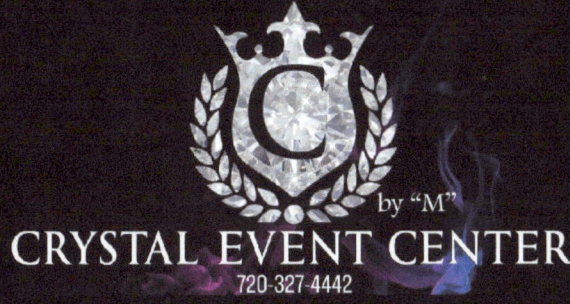

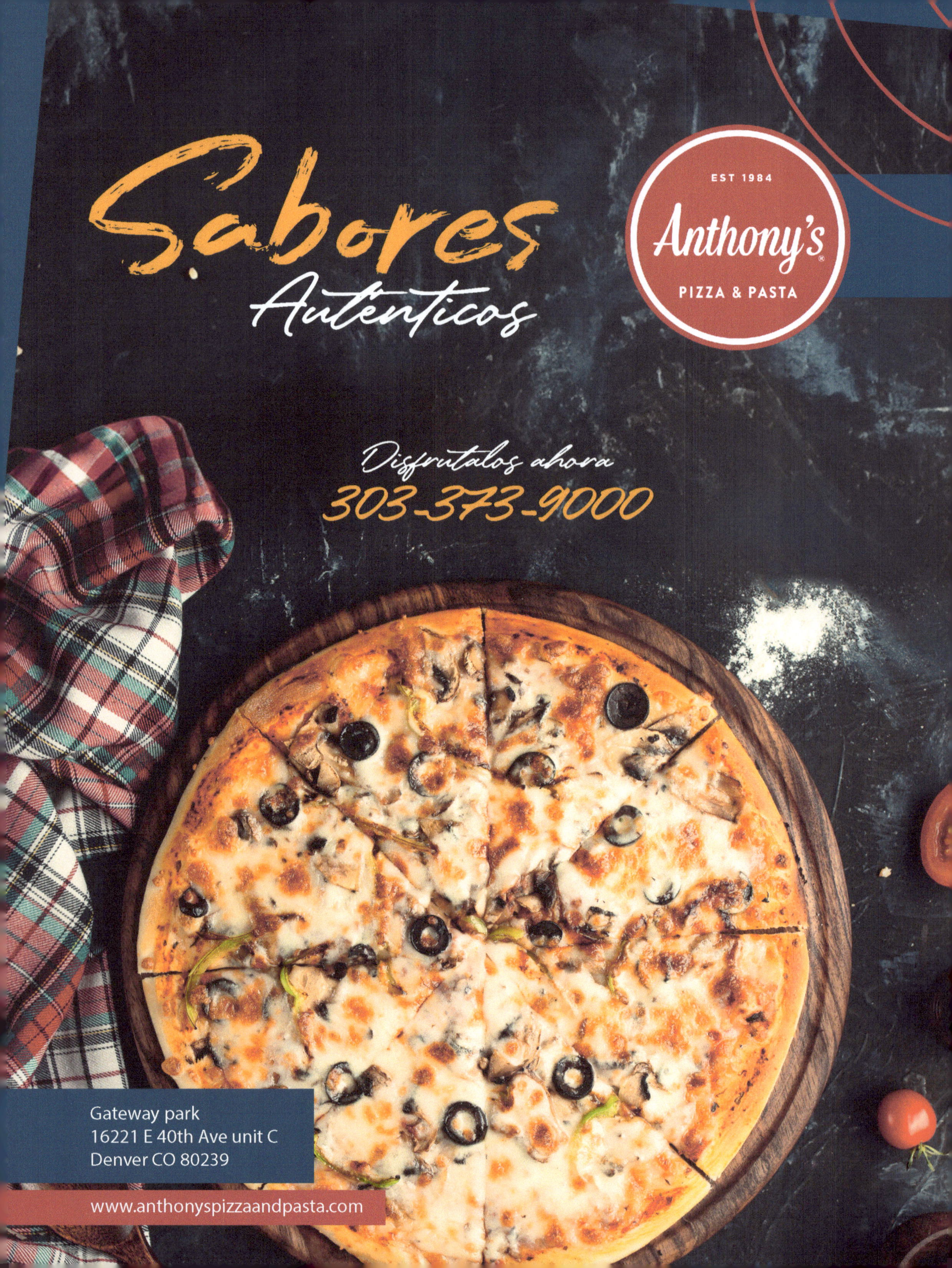

Sabores *Auténticos*

Anthony's PIZZA & PASTA
EST 1984

Disfrútalos ahora
303-373-9000

Gateway park
16221 E 40th Ave unit C
Denver CO 80239

www.anthonyspizzaandpasta.com

EN NUESTRA SEDE
O EVENTOS PRIVADOS...

@goyos_grill

Delicioso sabor de la
Carne en Vara

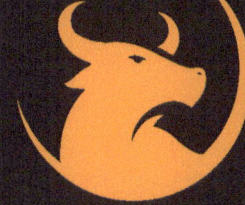
GOYO'S GRILL

12 p.m a 5 p.m   (720) 691-1197

9005 E Colfax Av Aurora Co 80010

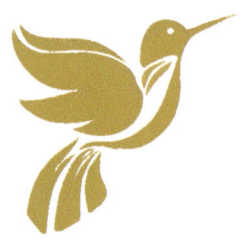

Keitha Rojas
Directora, Editorial Legado Latino
Juan Pablo González
Director de Publicación de Amazon

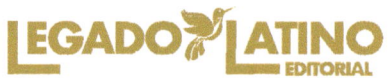

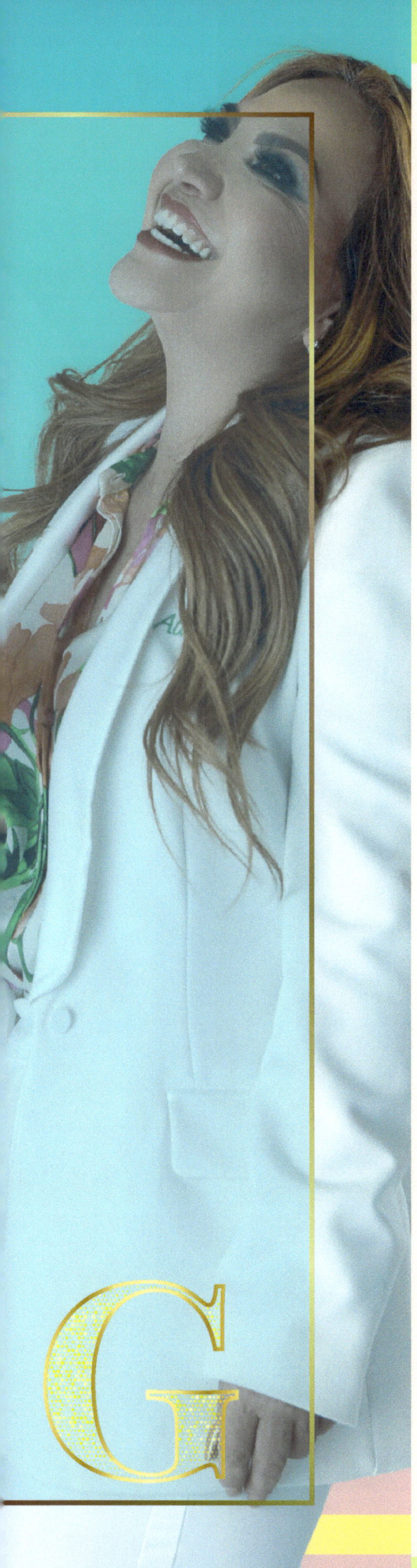

Reconocimientos de Autor

NOTAS DE CONTENIDO

Biografía Alba Rocío Padilla Younger
Texto / Yadira Padilla
Edición de textos: Andrés Orjuela
Makup & Hair Style: Marlinne Lujan
Fotografía: Diana Vargas

Biografía Luis Cano
Texto / Luis Cano
Fotografía:

Día Mundial del Emprendimiento
Texto: Andrés Orjuela
Ilustraciones: Freepik.es

Día Internacional del Jazz
Texto: Andrés Orjuela
Ilustraciones: Freepik.es

Día Mundial del Arte
Texto: Andrés Orjuela
Ilustraciones: Freepik.es

Quinceañeras / Fiesta ideal
Texto: Yasmín Ramos
Edicións e textos: Andrés Orjuela
Ilustraciones: Freepik.es

Día Internacional de la Danza
Texto: Andrés Orjuela
Ilustraciones: Freepik.es

Comidas Saludables
Texto / Andrés Orjuela
Ilustraciones: Freepik.es

Día Internacional del Libro y los derechos de autor
Texto: Andrés Orjuela
lustraciones: Freepik.es

Día del niño
Texto: Andrés Orjuela
lustraciones: Freepik.es

Moda / Tendencias en maquillaje 2024
Texto / Yasmín Ramos / Andrés O.
Ilustraciones: Freepik.es

Horóscopos / Consejos abril 2024
Texto / Diversas fuentes
Edición de textos: Andrés Orjuela

ANUNCIOS

Fotografía: Freepik.es
Svetlanasokolova | Gpointstudio
senivpetro | freepic.diller
wayhomestudio | valuavitaly
cookie_studio | teksomolika
KamranAydinov | ArtPhoto_studio

Gráficos: Freepik.com
Pikisuperstar | callmetak

DISEÑO Y DIAGRAMACIÓN

Diseñador: J. Andrés Orjuela
Titulo / Diseñador Visual
WhatsApp: +57 310 407 9018
andres.dvisual@gmail.com

MARKETING & PUBLICIDAD DIRECCIÓN ADMINISTRATIVA

Director ejecutivo (CEO): Yasmín Ramos
Titulo / Lic Informática
720-949-8004
gleamermagazine@gmail.com

www.ingramcontent.com/pod-product-compliance
Lightning Source LLC
Chambersburg PA
CBHW051214220526
45473CB00003B/1031